대구교통공사

경영학개론

제1회 모의고사

성명		생년월일	
문제 수(배점)	80문항	풀이시간	/ 80분
영역	식업기초능력평가, 전공과목(경영학개론)		
비고	객관식 5지선다형		

※ 유의사항

• 문제지 및 답안지의 해당란에 문제유형, 성명, 응시번호를 정확히 기재하세요.

• 모든 기재 및 표기사항은 "컴퓨터용 흑색 수성 사인펜"만 사용합니다.

• 예비 마킹은 중복 답안으로 판독될 수 있습니다.

✎ **직업기초능력평가(40문항)**

1. 다음 중 표준어로만 묶인 것은?

① 사글세, 멋쟁이, 아지랭이, 윗니

② 웃어른, 으레, 상판때기, 고린내

③ 딴전, 어저께, 가엽다, 귀이개

④ 주근깨, 코빼기, 며칠, 가벼히

⑤ 뭇국, 느즈감치, 마늘종, 통째로

2. 다음 중 맞춤법이 틀린 문장은?

① 준희는 고약한 구두쇠이다. 그러므로 그는 돈을 많이 모았다.

② 그녀는 얼마 전 그와 헤어졌다. 그러므로 그녀는 지금 외롭다.

③ 법에 근거하여 내린 판결이다. 그러므로 아무리 억울하여도 어쩔 수 없다.

④ 혜림은 목 놓아 울었다. 그러므로 스트레스를 해소하였다.

⑤ 정의는 언제나 승리한다. 그러므로 우리가 승리한다.

3. 밑줄 친 부분이 어법에 맞게 표기된 것은?

① 박 사장은 자기 돈이 어떻게 <u>쓰여지는 지</u>도 몰랐다.

② 그녀는 조금만 <u>추어올리면</u> 기고만장해진다.

③ <u>나룻터</u>는 이미 사람들로 가득 차 있었다.

④ 우리들은 <u>서슴치</u> 않고 차에 올랐다.

⑤ 구렁이가 <u>또아리</u>를 틀고 있다.

4. 다음 중 제시된 문장의 빈칸에 들어갈 단어로 알맞은 것을 고르시오.

> • 정부는 저소득층을 위한 새로운 경제 정책을 (　)했다.
> • 불우이웃돕기를 통해 총 1억 원의 수익금이 (　)되었다.
> • 청소년기의 중요한 과업은 자아정체성을 (　)하는 것이다.

① 수립(樹立) – 정립(正立) – 확립(確立)

② 수립(樹立) – 적립(積立) – 확립(確立)

③ 확립(確立) – 적립(積立) – 수립(樹立)

④ 기립(起立) – 적립(積立) – 수립(樹立)

⑤ 확립(確立) – 정립(正立) – 설립(設立)

5. 다음 글의 중심 내용으로 가장 적절한 것을 고르시오.

언제부터인가 이곳 속초 청호동은 본래의 지명보다 '아바이 마을'이라는 정겨운 이름으로 불리고 있다. 함경도식 먹을거리로 유명해진 곳이기도 하지만 그 사람들의 삶과 문화가 제대로 알려지지 않은 동네이기도 하다. 속초의 아바이 마을은 대한민국의 실향민 집단 정착촌을 대표하는 곳이다. 한국 전쟁이 한창이던 1951년 1·4 후퇴 당시, 함경도에서 남쪽으로 피난 왔던 사람들이 휴전과 함께 사람이 거의 살지 않던 이곳 청호동에 정착해 살기 시작했다.

동해는 사시사철 풍부한 어종이 잡히는 고마운 곳이다. 봄 바다를 가르며 달려 도착한 곳에서 고기가 다니는 길목에 설치한 '어울'을 끌어올려 보니, 속초의 봄 바다가 품고 있던 가자미들이 나온다. 다른 고기는 나오다 안 나오다 하지만 이 가자미는 일 년 열두 달 꾸준히 난다. 동해를 대표하는 어종 중에 명태는 12월에서 4월, 도루묵은 10월에서 12월, 오징어는 9월에서 12월까지 주로 잡힌다. 하지만 가자미는 사철 잡히는 생선으로, 어부들 말로는 그 자리를 지키고 있는 '자리고기'라 한다.

청호동에서 가자미식해를 담그는 광경은 이젠 낯선 일이 아니라 할 만큼 유명세를 탔다. 함경도 대표 음식인 가자미식해가 속초에서 유명하다는 것은 입맛이 정확하게 고향을 기억한다는 것과 상통한다. 속초에 새롭게 터전을 잡은 함경도 사람들은 고향 음식이 그리웠다. 가자미식해를 만들어 상에 올렸고, 이 밥상을 마주한 속초 사람들은 배타심이 아닌 호감으로 다가섰고, 또 판매를 권유하게 되면서 속초의 명물로 재탄생하게 된 것이다.

① 속초 자리고기의 유래
② 속초의 아바이 마을과 가자미식해
③ 아바이 마을의 밥상
④ 청호동 주민과 함경도 실향민의 화합
⑤ 속초 명물 탄생의 비화

6. 다음 글의 제목으로 가장 적절한 것을 고르시오.

프랑스는 1999년 고용상의 남녀평등을 강조한 암스테르담 조약을 인준하고 국내법에 도입하여 시행하였으며, 2006년에는 양성 간 임금 격차축소와 일·가정 양립을 주요한 목표로 삼는 '남녀 임금평등에 관한 법률'을 제정하였다. 이 법에서는 기업별, 산업별 교섭에서 남녀 임금격차 축소에 대한 내용을 포함하도록 의무화하고, 출산휴가 및 입양휴가 이후 임금 미상승분을 보충하도록 하고 있다. 스웨덴은 사회 전반에서 기회·권리 균등을 촉진하고 각종 차별을 방지하기 위한 '차별법'(The Discrimination Act) 시행을 통해 남녀의 차별을 시정하였다. 또한 신축적인 파트타임과 출퇴근시간 자유화, 출산 후 직장복귀 등을 법제화하였다. 나아가 공공보육시설 무상 이용(평균보육료부담 4%)을 실시하고 보편적 아동수당과 저소득층에 대한 주택보조금 지원 정책도 시행하고 있다. 노르웨이 역시 특정 정책보다는 남녀평등 분위기 조성과 일과 양육을 병행할 수 있는 사회적 환경 조성이 출산율을 제고하는 데 기여하였다. 한편 일본은 2005년 신신(新新)엔젤플랜을 발족하여 보육환경을 개선함으로써 여성의 경제활동을 늘리고, 남성의 육아휴직, 기업의 가족지원 등을 장려하여 저출산 문제의 극복을 위해 노력하고 있다.

① 각 국의 근로정책 소개
② 선진국의 남녀 평등문화
③ 남녀평등에 관한 국가별 법률 현황
④ 남녀가 평등한 문화 및 근로정책
⑤ 국가별 근로정책의 도입 시기

 다음 괄호 안에 알맞은 접속사를 고르시오.

오늘날의 문화는 인간관계에서 집단 이기주의가 갖는 힘과 범위 그리고 지속성을 깨닫지 못하고 있다. 한 집단에 속하는 개인들 간의 관계를 순전히 도덕적이고 합리적인 조정과 설득에 의해 확립하는 일이 쉽지는 않을지라도 전혀 불가능한 것은 아니다. ( ) 집단과 집단 사이에서는 이런 일이 결코 이루어질 수 없다. ( ) 집단들 간의 관계는 항상 윤리적이기보다는 지극히 정치적이다. ( ) 그 관계는 각 집단의 요구와 필요성을 비교, 검토하여 도덕적이고 합리적인 판단에 의해서 수립되는 것이 아니라 각 집단이 갖고 있는 힘의 비율에 따라 수립된다.

① 그러나, 따라서, 즉
② 그러나, 게다가, 오히려
③ 그런데, 따라서, 왜냐하면
④ 그런데, 게다가, 그러므로
⑤ 그리고, 따라서, 왜냐하면

8. 다음 중 밑줄 친 부분의 단어를 대체할 수 있는 것은?

원시인들은 어떻게 그런 자연적 경향으로부터 벗어날 수 있었을까? 폴 라댕은 「철학자로서의 원시인」이라는 저서에서 원시인에게는 두 가지 유형의 기질이 있다고 주장하였다. 하나는 행동하는 인간으로, 이들은 주로 외부의 대상에 정신을 집중하고 실용적인 결과에만 관심이 있으며 내면에서 벌어지는 동요에 대해서는 무관심한 사람이다. 또 다른 유형은 생각하는 인간으로, 늘 세계를 분석하고 설명하고 싶어하는 사람이다. 행동하는 인간은 '설명' 그 자체에 별 관심이 없으며, 설령 설명한다고 해도 사건 사이의 기계적인 관계만을 설명하려 한다. 즉 그들은 동일 사건의 무한한 반복을 바탕에 두고 반복으로부터의 일탈을 급격한 변화로 받아들일 수밖에 없었다. 반면 생각하는 인간은 기계적인 설명을 벗어나 '하나'에서 '여럿'으로, '단순'에서 '복잡'으로, '원인'에서 '결과'로 서서히 변해간다고 설명하려 한다. 그러나 이 과정에서 외부 대상의 끊임없는 변화에 역시 당황해 할 수밖에 없다. 그래서 대상을 조직적으로 파악하기 위해 대상에 영원 불변의 형태를 부여해야만 했고, 그 결과 세상을 정적인 어떤 것으로 만들어야만 했던 것이다.

즉, 대상의 본질은 변하지 않는 것이라고 믿고 싶어하는 '무시간적 사고'는 인간의 사고에 깊이 뿌리내린 사상으로 자리잡게 되었다. 생각하는 인간은 이 세상을 합리적으로 규명하기 위해 과거의 기억을 바탕으로 늘 번모히는 사건들의 패턴 뒤에 숨어 있는 영원한 요소를 찾아내려고 했으며, 또한 미래에도 동일하게 그런 요소가 존재할 것이라는 믿음을 지닐 수 있었던 것이다. 이러한 과정을 통해 인간은 시간을 통해서 자신의 모습을 인식할 수 있게 되었다. 즉 인간이 자기 인식을 할 수 있는 존재, 자기 정체성을 확인하는 존재로 거듭나게 된 것이다.

① 의표(意表)　　　② 당위(當爲)
③ 현혹(眩惑)　　　④ 의문(疑問)
⑤ 당혹(當惑)

9. 다음의 내용을 근거로 할 때 유추할 수 있는 옳은 내용만을 바르게 짝지은 것은?

갑과 을은 ○×퀴즈를 풀었다. 문제는 총 8문제(100점 만점)이고, 분야별 문제 수와 문제당 배점은 다음과 같다.

분야	문제 수	문제당 배점
한국사	6	10점
경제	1	20점
예술	1	20점

문제 순서는 무작위로 정해지고, 갑과 을이 각 문제에 대해 ○ 또는 ×를 다음과 같이 선택하였다.

문제	갑	을
1	○	○
2	×	○
3	○	○
4	○	×
5	×	×
6	○	×
7	×	○
8	○	○
총점	80점	70점

ㄱ 갑과 을은 모두 경제 문제를 틀린 경우가 있을 수 있다.
ㄴ 갑만 경제 문제를 틀렸다면, 예술 문제는 갑과 을 모두 맞혔다.
ㄷ 갑이 역사 문제 두 문제를 틀렸다면, 을은 예술 문제와 경제 문제를 모두 맞혔다.

① ㄴ
② ㄷ
③ ㄱㄴ
④ ㄱㄷ
⑤ ㄱㄴㄷ

10. 다음은 맛집 정보와 평가 기준을 정리한 표이다. 이 자료를 바탕으로 판단할 때 총점이 가장 높은 음식점은 어디인가?

음식점 \ 평가 항목	음식 종류	이동 거리	1인분 가격	평점 (★ 5개 만점)	예약 가능 여부
북경반점	중식	150m	7,500원	★★☆	○
샹젤리제	양식	170m	8,000원	★★★	○
경복궁	한식	80m	10,000원	★★★★	×
아사이타워	일식	350m	9,000원	★★★★☆	×
광화문	한식	300m	12,000원	★★★★★	×

※ ☆은 ★의 반개다.

◎ 평가항목 중 이동거리, 가격, 맛 평점에 대하여 각 항목별로 5, 4, 3, 2, 1점을 각각의 음식점에 하나씩 부여한다.
• 이동거리가 짧은 음식점일수록 높은 점수를 준다.
• 가격이 낮은 음식점일수록 높은 점수를 준다.
• 맛 평점이 높은 음식점일수록 높은 점수를 준다.
◎ 평가 항목 중 음식종류에 대하여 일식 5점, 한식 4점, 양식 3점, 중식 2점을 부여한다.
◎ 예약이 가능한 경우 가점 1점을 부여한다.
◎ 총점은 음식종류, 이동거리, 가격, 맛 평점의 4가지 평가 항목에서 부여받은 점수와 가점을 합산하여 산출한다.

① 북경반점
② 샹젤리제
③ 경복궁
④ 아사이타워
⑤ 광화문

11. 다음 조건을 바탕으로 B의 사무실과 식당이 위치한 곳을 순서대로 짝지은 것은?

• A, B, C는 각각 5동, 6동, 7동 중 한 곳에 사무실이 있으며 겹치지 않는다.
• 세 명은 각각 3개 동 중 한 곳에 있는 식당에 갔으며, 서로 같은 식당에 가지 않았다.
• 세 명이 근무하는 곳과 갔던 식당의 위치는 겹치지 않는다.
• B는 C가 갔던 식당이 있는 동에서 근무한다.
• C는 7동에서 근무하며, A와 B는 어제 6동 식당에 가지 않았다.

① 6동, 5동   ② 6동, 7동

③ 5동, 5동   ④ 5동, 6동

⑤ 5동, 7동

12. 다음은 영철이가 작성한 A, B, C, D 네 개 핸드폰의 제품별 사양과 사양에 대한 점수표이다. 다음 표를 본 영미가 〈보기〉와 같은 상황에서 선택하기에 가장 적절한 제품과 가장 적절하지 않은 제품은 각각 어느 것인가?

구분	A	B	C	D
크기	153.2×76.1 ×7.6	154.4×76 ×7.8	154.4×75.8 ×6.9	139.2×68.5 ×8.9
무게	171g	181g	165g	150g
RAM	4GB	3GB	4GB	3GB
저장공간	64GB	64GB	32GB	32GB
카메라	16Mp	16Mp	8Mp	16Mp
배터리	3,000mAh	3,000mAh	3,000mAh	3,000mAh
가격	653,000원	616,000원	599,000원	549,000원

〈사양별 점수표〉

무게	160g 이하	161~180g	181~200g	200g 이상
	20점	18점	16점	14점

RAM	3GB		4GB	
	15점		20점	

저장 공간	32GB		64GB	
	18점		20점	

카메라	8Mp		16Mp	
	8점		20점	

가격	550,000원 미만	550,000 ~600,000원 미만	600,000~650,000 원 미만	650,000원 이상
	20점	18점	16점	14점

"나도 이번에 핸드폰을 바꾸려 하는데, 내가 가장 중요하게 생각하는 조건은 저장 공간이야. 그 다음으로는 무게가 가벼웠으면 좋겠고, 다음 카메라 기능이 좋은 걸 원하지. 음…다른 기능은 전혀 고려하지 않지만, 저장 공간, 무게, 카메라 기능에 각각 가중치를 30%, 20%, 10% 추가 부여하는 정도라고 볼 수 있어."

① A제품과 D제품   ② B제품과 C제품

③ A제품과 C제품   ④ B제품과 A제품

⑤ A제품과 B제품

13. 양 과장은 휴가를 맞아 제주도로 여행을 떠나려고 한다. 가족 여행이라 짐이 많을 것을 예상한 양 과장은 제주도로 운항하는 5개의 항공사별 수하물 규정을 다음과 같이 검토하였다. 다음 규정을 참고할 때, 양 과장이 판단한 것으로 올바르지 않은 것은?

	화물용	기내 반입용
갑항공사	A+B+C=158cm 이하, 각 23kg, 2개	A+B+C=115cm 이하, 10kg~12kg, 2개
을항공사		A+B+C=115cm 이하, 10kg~12kg, 1개
병항공사	A+B+C=158cm 이하, 20kg, 1개	A+B+C=115cm 이하, 7kg~12kg, 2개
정항공사	A+B+C=158cm 이하, 각 20kg, 2개	A+B+C=115cm 이하, 14kg 이하, 1개
무항공사		A+B+C=120cm 이하, 14kg~16kg, 1개

* A, B, C는 가방의 가로, 세로, 높이의 길이를 의미함.

① 기내 반입용 가방이 최소한 2개는 되어야 하니 일단 갑, 병항공사밖엔 안 되겠군.

② 가방 세 개 중 A+B+C의 합이 2개는 155cm, 1개는 118cm이니 무항공사 예약상황을 알아봐야지.

③ 무게로만 따지면 병항공사보다 을항공사를 이용하면 더 많은 짐을 가져갈 수 있겠군.

④ 가방의 총 무게가 55kg을 넘어갈 테니 반드시 갑항공사를 이용해야겠네.

⑤ A+B+C의 합이 115cm인 13kg 가방 2개를 기내에 가지고 탈 수 있는 방법은 없겠군.

14. R공사에서는 신입사원 2명을 채용하기 위하여 서류와 필기 전형을 통과한 갑, 을, 병, 정 네 명의 최종 면접을 실시하려고 한다. 아래 표와 같이 네 개 부서의 팀장이 각각 네 명을 모두 면접하여 최종 선정 우선순위를 결정하였다. 면접 결과에 대한 〈보기〉와 같은 설명 중 적절한 것을 모두 고른 것은?

	A팀장	B팀장	C팀장	D팀장
최종 선정자 (1/2/3/ 4순위)	을/정/갑/병	갑/을/정/병	을/병/정/갑	병/정/갑/을

* 우선순위가 높은 사람 순으로 2명을 채용하며, 동점자는 A, B, C, D팀장 순으로 부여한 고순위자로 결정함.
* 팀장별 순위에 대한 가중치는 모두 동일하다.

〈보기〉
㉠ '을' 또는 '정' 중 한 명이 입사를 포기하면 '갑'이 채용된다.
㉡ A팀장이 '을'과 '정'의 순위를 바꿨다면 '갑'이 채용된다.
㉢ B팀장이 '갑'과 '병'의 순위를 바꿨다면 '정'은 채용되지 못한다.

① ㉠
② ㉠, ㉢
③ ㉡, ㉢
④ ㉠, ㉡
⑤ ㉠, ㉡, ㉢

15. 홍보팀 백 대리는 회사 행사를 위해 연회장을 예약하려 한다. 연회장의 현황과 예약 상황이 다음과 같을 때, 연회장에 예약 문의를 한 백 대리의 아래 질문에 대한 연회장 측의 회신 내용에 포함되기에 적절하지 않은 것은?

〈연회장 시설 현황〉

구분	최대 수용 인원(명)	대여 비용(원)	대여 가능 시간
A	250	500,000	3시간
B	250	450,000	2시간
C	200	400,000	3시간
D	150	350,000	2시간

* 연회장 정리 직원은 오후 10시에 퇴근함
* 시작 전과 후 준비 및 청소 시간 각각 1시간 소요, 연이은 사용의 경우 중간 1시간 소요.

〈연회장 예약 현황〉

일	월	화	수	목	금	토
			1 A 10시 B 16시	2 B 19시 D 18시	3 C 15시 D 16시	4 A 11시 B 12시
5	6 B 17시 C 18시	7	8 A 18시 D 16시	9 C 15시	10 C 16시 D 11시	11
12	13 C 15시 D 16시	14 A 16시	15 D 18시 A 15시	16	17 B 18시 D 17시	18

〈백 대리 요청 사항〉

안녕하세요?
　연회장 예약을 하려 합니다. 주말과 화, 목요일을 제외하고 가능한 날이면 언제든 좋습니다. 참석 인원은 180~220명 정도 될 것 같고요, 오후 6시에 저녁 식사를 겸해서 2시간 정도 사용하게 될 것 같습니다. 물론 가급적 저렴한 연회장이면 더 좋겠습니다. 회신 부탁드립니다.

① 가능한 연회장 중 가장 저렴한 가격을 원하신다면 월요일
은 좀 어렵겠습니다.

② 6일은 가장 비싼 연회장만 가능한 상황입니다.

③ 인원이 200명을 넘지 않으신다면 가장 저렴한 연회장을
사용하실 수 있는 기회가 네 번 있습니다.

④ 8일과 15일은 사용하실 수 있는 잔여 연회장 현황이 동일
합니다.

⑤ A, B 연회장은 원하시는 날짜에 언제든 가능합니다.

16. 다음 글과 〈평가 내역〉을 근거로 한 〈보기〉와 같은 내용
중 적절하지 않은 것을 모두 고른 것은?

'갑'시(市)에는 A, B, C, D 네 개의 사회인 야구팀이 있으며
시에서는 야구 활성화를 위해 네 개 야구팀에 각종 지원을 하
고 있다. 매년 네 개 야구팀에 대한 평가를 실시하여 종합 순위
를 산정한 후, 1~2위 팀에게는 시에서 건설한 2개의 시립 야구
장에 대한 매주 일요일 각각 2회의 이용을 허가해 주고 있으며,
3위 팀까지는 다음 해의 전국 대회 출전 자격이 부여된다. 4위를
한 팀에게는 장비 구입 지원 금액이 30% 삭감되며, 순위가 오르
면 다음 해의 지원 금액이 다시 원상 복귀된다.
평가 방법은 다음 표와 같이 네 개 항목을 기준으로 점수
를 부여하고 항목별 가중치를 곱한 값을 부여된 점수에 합산
하여 총점을 산출한다.

〈올 해의 팀별 평가 내역〉

평가 항목(가중치)	A팀	B팀	C팀	D팀
팀 성적(0.3)	65	80	75	85
연간 경기 횟수(0.2)	90	95	85	90
사회공헌활동(0.3)	90	75	85	80
지역 인지도(0.2)	95	85	95	85

〈보기〉

㉠ 내년에는 C팀과 D팀이 매주 일요일 시립 야구장을 사용
하게 된다.
㉡ 팀 성적과 연간 경기 횟수에 대한 가중치가 바뀐다면 지
원금이 삭감되는 팀도 바뀌게 된다.
㉢ 내년 '갑'시에서 전국 대회에 출전할 팀은 A, C, D팀이다.
㉣ 지역 인지도 점수가 네 팀 모두 동일하다면 세 개 팀의
순위가 달라진다.

① ㉠, ㉢, ㉣

② ㉡, ㉢, ㉣

③ ㉠, ㉡, ㉢

④ ㉠, ㉡, ㉣

⑤ ㉠, ㉡, ㉢, ㉣

17. 아래의 그림은 커뮤니케이션 네트워크의 한 형태를 나타낸
것이다. 이와 관련하여 X 경찰서 민원실에 근무하는 5명의 직원
들이 나눈 대화 중 옳은 내용을 말하고 있는 사람을 고르면?

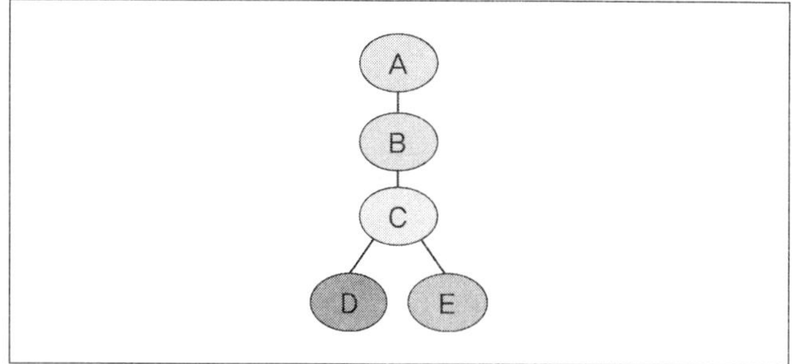

① A 순경 : 지역적으로 분리되어 있거나 또는 자유방임적인
상태에서 함께 일하는 구성원 사이에서 이런 형태의 커뮤
니케이션은 흔히 나타납니다.

② B 경장 : 문제의 성격이 간단하면서도 일상적일 시에만 유
효하며, 문제가 복잡하면서도 어려운 때에는 그 유효성이
발휘되지 않습니다.

③ C 경사 : 정보수집 및 문제해결 등이 비교적 느리며 중간
에 위치한 구성원을 제외하고는 주변에 위치한 구성원들
의 만족감이 비교적 낮다는 평가를 받고 있죠

④ D 경위 : 구성원들 사이의 정보교환이 완전히 이루어지는
유형입니다.

⑤ E 경감 : 주로 세력집단의 리더가 커뮤니케이션의 중심적인
역할을 맡고, 비세력 또는 하위집단 등에도 연결되어 전체
적인 커뮤니케이션 망을 형성하게 된다는 것을 알 수 있죠

18. 무역회사에 근무하는 팀장 S씨는 오전 회의를 통해 신입사원 O가 작성한 견적서를 살펴보았다. 그러던 중 다른 신입사원에게 지시한 주문양식이 어떻게 진행되고 있는지를 묻기 위해 신입사원 M을 불렀다. M은 "K가 제대로 주어진 업무를 하지 못하고 있어서 저는 아직까지 계속 기다리고만 있습니다. 그래서 아직 완성하지 못했습니다."라고 하였다. 그래서 K를 불러 물어보니 "M의 말은 사실이 아닙니다."라고 변명을 하고 있다. 팀장 S씨가 할 수 있는 가장 효율적인 대처방법은?

① 사원들 간의 피드백이 원활하게 이루어지는지 확인한다.

② 팀원들이 업무를 하면서 서로 협력을 하는지 확인한다.

③ 의사결정 과정에 잘못된 부분이 있는지 확인한다.

④ 중재를 하고 문제를 무엇인지 확인한다.

⑤ 팀원들이 어떻게 갈등을 해결하는지 지켜본다.

19. 다음 중 이미지 메이킹에 관한 내용으로 옳지 않은 것은?

① 개인이 추구하고자 하는 목표를 이루기 위해서 스스로 자기 이미지를 통합적으로 관리하는 것이다.

② 자기가치를 발견하고 이를 최고의 삶으로 만들어 가기 위한 전 분야에 걸친 자기 삶의 총체적인 경영전략이다.

③ 현대생활예절은 구체적인 방식 및 규칙 등을 여러 다양한 측면에서 제공한다.

④ 비언어적 커뮤니케이션 수단이며, 소극적인 의사소통행위이다.

⑤ 이미지의 체득은 시각 및 청각 등을 총괄한 미적체험 및 미적인식 오감에 호소하는 자기관리의 출발로 감성경영을 포함한다.

20. 협상에 있어 상대방을 설득시키는 일은 필수적이며 그 방법은 상황과 상대방에 따라 매우 다양하게 나타난다. 이에 따라 상대방을 설득하기 위한 협상 전략은 몇 가지로 구분될 수 있다. 협상 시 상대방을 설득시키기 위하여 상대방 관심사에 대한 정보를 확인 후 해당 분야의 전문가를 동반 참석시켜 우호적인 분위기를 이끌어낼 수 있는 전략은 어느 것인가?

① 호혜관계 형성 전략   ② 권위 전략

③ 반항심 극복 전략   ④ 헌신과 일관성 전략

⑤ 사회적 입증 전략

21. 다음 두 조직의 특성을 참고할 때, '갈등관리' 차원에서 본 두 조직에 대한 설명으로 적절하지 않은 것은?

> 감사실은 늘 조용하고 직원들 간의 업무적 대화도 많지 않아 전화도 큰소리로 받기 어려운 분위기다. 다들 무언가를 열심히 하고는 있지만 직원들끼리의 교류나 상호작용은 찾아보기 힘들고 왠지 활기찬 느낌은 없다. 그렇지만 직원들끼리 반목과 불화가 있는 것은 아니며, 부서장과 부서원들 간의 관계도 나쁘지 않아 큰 문제없이 맡은 바 임무를 수행해 나가기는 하지만 실적이 좋지는 않다.
>
> 반면, 빅데이터 운영실은 하루 종일 떠들썩하다. 한쪽에선 시끄러운 전화소리와 고객과의 마찰로 빚어진 언성이 오가며 여기저기 조직원들끼리의 대화가 끝없이 이어진다. 일부 직원은 부서장에게 꾸지람을 듣기도 하고 한쪽에선 직원들 간의 의견 충돌을 해결하느라 열띤 토론도 이어진다. 어딘가 어수선하고 집중력을 요하는 일은 수행하기 힘든 분위기처럼 느껴지지만 의외로 업무 성과는 우수한 조직이다.

① 감사실은 조직 내 갈등이나 의견 불일치 등의 문제가 거의 없어 이상적인 조직으로 평가될 수 있다.

② 빅데이터 운영실에서는 갈등이 새로운 해결책을 만들어 주는 기회를 제공한다.

③ 감사실은 갈등수준이 낮아 의욕이 상실되기 쉽고 조직성과가 낮아질 수 있다.

④ 빅데이터 운영실은 생동감이 넘치고 문제해결 능력이 발휘될 수 있다.

⑤ 두 조직의 차이점에서 '갈등의 순기능'을 엿볼 수 있다.

22. 갈등이 증폭되는 일반적인 원인이 아닌 것은?

① 승·패의 경기를 시작

② 승리보다 문제 해결을 중시하는 태도

③ 의사소통의 단절

④ 각자의 입장만을 고수하는 자세

⑤ 적대적 행동

23. 협상과정을 순서대로 바르게 나열한 것은?

① 협상 시작→상호 이해→실질 이해→해결 대안→합의 문서

② 협상 시작→상호 이해→실질 이해→합의 문서→해결 대안

③ 협상 시작→실질 이해→상호 이해→해결 대안→합의 문서

④ 협상 시작→실질 이해→상호 이해→합의 문서→해결 대안

⑤ 협상 시작→실질 이해→해결 대안→상호 이해→합의 문서

24. 조직 사회에서 일어나는 갈등을 해결하는 방법 중 문제를 회피하지 않으면서 상대방과의 대화를 통해 동등한 만큼의 목표를 서로 누리는 두 가지 방법이 있다. 이 두 가지 갈등해결방법에 대한 다음의 설명 중 빈칸에 들어갈 알맞은 말은?

> 첫 번째 유형은 자신에 대한 관심과 상대방에 대한 관심이 중간정도인 경우로서, 서로가 받아들일 수 있는 결정을 하기 위하여 타협적으로 주고받는 방식을 말한다. 즉, 갈등 당사자들이 반대의 끝에서 시작하여 중간 정도 지점에서 타협하여 해결점을 찾는 것이다.
>
> 두 번째 유형은 협력형이라고도 하는데, 자신은 물론 상대방에 대한 관심이 모두 높은 경우로서 '나도 이기고 너도 이기는 방법(win-win)'을 말한다. 이 방법은 문제해결을 위하여 서로 간에 정보를 교환하면서 모두의 목표를 달성할 수 있는 '윈윈' 해법을 찾는다. 아울러 서로의 차이를 인정하고 배려하는 신뢰감과 공개적인 대화를 필요로 한다. 이 유형이 가장 바람직한 갈등해결 유형이라 할 수 있다. 이러한 '윈윈'의 방법이 첫 번째 유형과 다른 점은 (   )는 것이며, 이것을 '윈윈 관리법'이라고 한다.

① 시너지 효과를 극대화할 수 있다.

② 상호 친밀감이 더욱 돈독해진다.

③ 보다 많은 이득을 얻을 수 있다.

④ 문제의 근본적인 해결책을 얻을 수 있다.

⑤ 대인관계를 넓힐 수 있다.

┃25~27┃ 다음에 나열된 숫자의 규칙을 찾아 빈칸에 들어가기 적절한 수를 고르시오.

25.

10	2	$\frac{17}{2}$	$\frac{9}{2}$	7	7	$\frac{11}{2}$	( )

① $\frac{13}{2}$

② $\frac{15}{2}$

③ $\frac{17}{2}$

④ $\frac{19}{2}$

⑤ $\frac{21}{2}$

26.

6 7 9 13 21 37 ( )

① 69　　　　　　② 68
③ 67　　　　　　④ 66
⑤ 65

27.

20 10 3　　30 5 7　　40 5 ( )

① 8　　　　　　② 9
③ 10　　　　　④ 11
⑤ 13

28.

28. 어떤 물건의 정가는 원가에 x%이익을 더한 것이라고 한다. 그런데 물건이 팔리지 않아 정가의 x%를 할인하여 판매하였더니 원가의 4%의 손해가 생겼을 때, x의 값은?

① 5　　　　　　② 10
③ 15　　　　　④ 20
⑤ 25

29.

29. 다음 〈표〉는 콩 교역에 관한 자료이다. 이 자료에 대한 설명으로 옳지 않은 것은?

(단위 : 만 톤)

순위	수출국	수출량	수입국	수입량
1	미국	3,102	중국	1,819
2	브라질	1,989	네덜란드	544
3	아르헨티나	871	일본	517
4	파라과이	173	독일	452
5	네덜란드	156	멕시코	418
6	캐나다	87	스페인	310
7	중국	27	대만	169
8	인도	24	벨기에	152
9	우루과이	18	한국	151
10	볼리비아	12	이탈리아	144

① 이탈리아 수입량은 볼리비아 수출량의 12배이다.
② 수출량과 수입량 모두 상위 10위에 들어있는 국가는 네덜란드뿐이다.
③ 캐나다의 콩 수출량은 중국, 인도, 우루과이, 볼리비아 수출량을 합친 것보다 많다.
④ 수출국 1위와 10위의 수출량은 약 250배 이상 차이난다.
⑤ 파라과이 수출량은 브라질 수출량의 10%도 되지 않는다.

30. 다음은 3개 회사의 '갑' 제품에 대한 국내 시장 점유율 현황을 나타낸 자료이다. 다음 자료에 대한 설명 중 적절하지 않은 것은 어느 것인가?

(단위: %)

구분	2021	2022	2023	2024	2025
A사	17.4	18.3	19.5	21.6	24.7
B사	12.0	11.7	11.4	11.1	10.5
C사	9.0	9.9	8.7	8.1	7.8

① 2021년부터 2025년까지 3개 회사의 점유율 증감 추이는 모두 다르다.
② 3개 회사를 제외한 나머지 회사의 '갑' 제품 점유율은 2021년 이후 매년 감소하였다.
③ 2021년 대비 2025년의 점유율 감소율은 C사가 B사보다 더 크다.
④ 3개 회사의 '갑' 제품 국내 시장 점유율이 가장 큰 해는 2025년이다.
⑤ 3개 회사의 2025년의 시장 점유율은 전년 대비 5% 이상 증가하였다.

31. 다음은 A제품과 B제품에 대한 연간 판매량을 분기별로 나타낸 자료이다. 이 자료에 대한 설명으로 적절하지 않은 것은 어느 것인가?

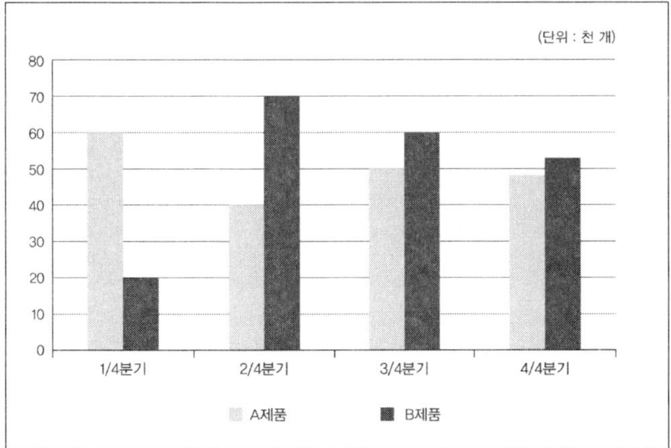

① A 제품과 B 제품은 동일한 시기에 편차가 가장 크게 나타난다.
② 연간 판매량은 B제품이 A제품보다 더 많다.

③ 4/4분기 전까지 두 제품의 분기별 평균 판매량은 동일하다.
④ 두 제품의 판매량 차이는 연말이 다가올수록 점점 감소한다.
⑤ 4/4분기 B제품의 판매량이 51이라면, B제품의 이전 분기 대비 판매량 감소율의 크기는 3/4분기가 4/4분기보다 더 작다.

32. 다음은 구직자를 대상으로 실시한 설문조사 결과이다. 다음 설명 중 적절하지 않은 것은 어느 것인가?

〈면접 시 가장 많이 받았던 질문〉

(단위: %)

질문내용	신입직	경력직
지원동기	61.3	51.6
자기소개	45.0	33.2
직무에 대한 관심	27.2	34.1
지원 분야 전문지식	28.9	29.7
전 직장에서의 프로젝트 수행사례	9.0	35.1
앞으로의 포부	17.5	14.7
인·적성 및 성격 장단점	13.8	17.9
개인의 가치관	12.3	12.6
지원 분야 인턴 경험	16.6	6.1
개인 신상	7.9	13.5
영어회화 실력	11.8	8.6

① 신입직과 경력직 모두에서 하위 3개 질문 중에 '영어회화 실력'이 포함된다.
② 경력직과 신입직의 응답비율 차이가 가장 큰 것은 '전 직장에서의 프로젝트 수행사례'이다.
③ '개인의 가치관' 질문에서 경력직과 신입직의 응답비율 차이가 가장 작다.
④ 신입직인 경우 가장 많이 받은 질문 5개는 '지원동기', '자기소개', '직무에 대한 관심', '지원 분야 전문지식', 그리고 '지원 분야 인턴 경험'이다.
⑤ 경력직인 경우 가장 많이 받은 질문 3개는 '지원동기', '전 직장에서의 프로젝트 수행사례', 그리고 '직무에 대한 관심'이다.

33. 다음은 어느 회사의 사원 입사월일을 정리한 자료이다. 아래 워크시트에서 [C4] 셀에 수식 ' = EOMONTH(C3,1)'를 입력하였을 때 결과 값은? (단, [C4] 셀에 설정되어 있는 표시형식은 '날짜'이다)

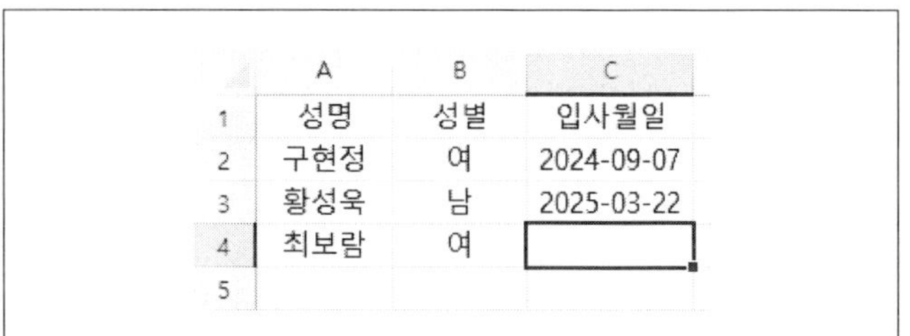

① 2025-04-30 ② 2025-03-31

③ 2025-02-28 ④ 2024-09-31

⑤ 2024-08-31

34. G사 홍보팀에서는 다음과 같이 직원들의 수당을 지급하고자 한다. C12셀부터 D15셀까지 기재된 사항을 참고로 D열에 수식을 넣어 직책별 수당을 작성하였다. D2셀에 수식을 넣어 D10까지 드래그하여 다음과 같은 자료를 작성하였다면, D2셀에 들어가야 할 적절한 수식은?

	A	B	C	D
1	사번	직책	기본급	수당
2	9610114	대리	1,720,000	450,000
3	9610070	대리	1,800,000	450,000
4	9410065	과장	2,300,000	550,000
5	9810112	사원	1,500,000	400,000
6	9410105	과장	2,450,000	550,000
7	9010043	부장	3,850,000	650,000
8	9510036	대리	1,750,000	450,000
9	9410068	과장	2,380,000	550,000
10	9810020	사원	1,500,000	400,000
11				
12			부장	650,000
13			과장	550,000
14			대리	450,000
15			사원	400,000

① =VLOOKUP(C12,$C$12:$D$15,2,1)

② =VLOOKUP(C12,$C$12:$D$15,2,0)

③ =VLOOKUP(B2,$C$12:$D$15,2,0)

④ =VLOOKUP(B2,$C$12:$D$15,2,1)

⑤ =VLOOKUP(B2,$C$14:$D$15,2,0)

35. 다음 워크시트에서 수식 ' = POWER(A3, A2)'의 결과 값은 얼마인가?

	A
1	1
2	3
3	5
4	7
5	9
6	11

① 5 ② 81

③ 49 ④ 125

⑤ 256

36. 다음은 H회사의 승진후보들의 1차 고과 점수 및 승진시험 점수이다. "생산부 사원"의 승진시험 점수의 평균을 알기 위해 사용해야 하는 함수는 무엇인가?

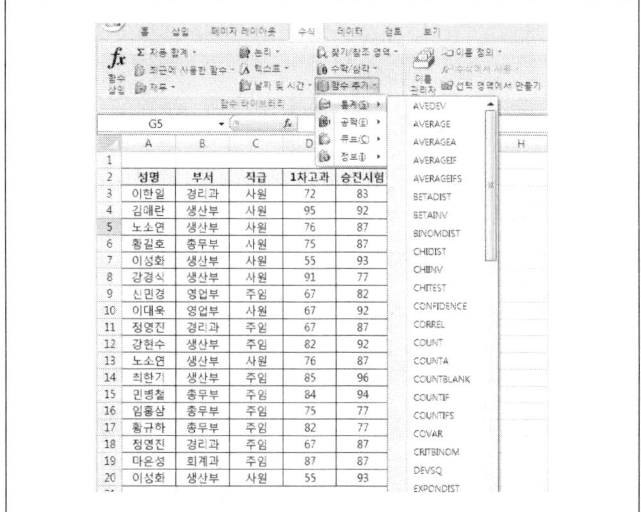

① AVERAGE ② AVERAGEA

③ AVERAGEIF ④ AVERAGEIFS

⑤ COUNTIF

37. 다음의 알고리즘에서 인쇄되는 S는?

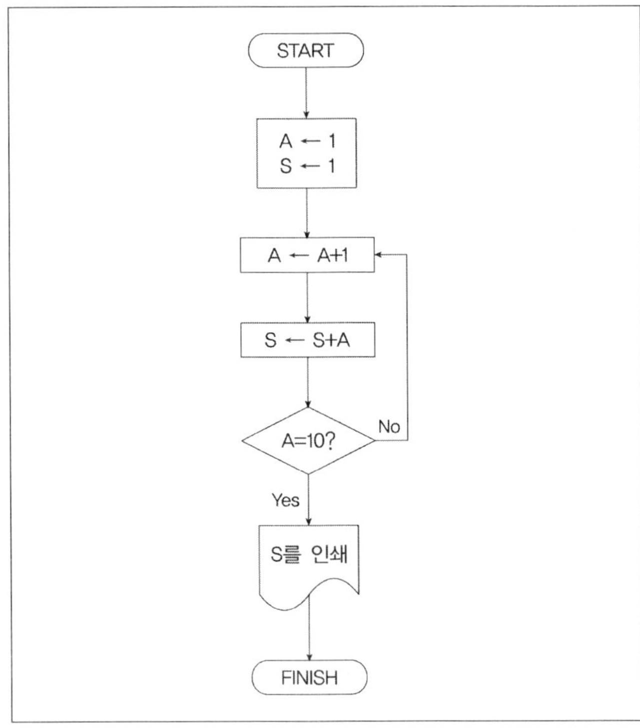

① 36

② 45

③ 55

④ 66

⑤ 77

38. T회사에서 근무하고 있는 N씨는 엑셀을 이용하여 작업을 하고자 한다. 엑셀에서 바로 가기 키에 대한 설명이 다음과 같을 때 괄호 안에 들어갈 내용으로 알맞은 것은?

> 통합 문서 내에서 (㉠) 키는 다음 워크시트로 이동하고 (㉡) 키는 이전 워크시트로 이동한다.

	㉠	㉡
①	〈Ctrl〉+〈Page Down〉	〈Ctrl〉+〈Page Up〉
②	〈Shift〉+〈Page Down〉	〈Shift〉+〈Page Up〉
③	〈Tab〉+←	〈Tab〉+→
④	〈Alt〉+〈Shift〉+↑	〈Alt〉+〈Shift〉+↓
⑤	〈Ctrl〉+〈Shift〉+〈Page Down〉	〈Ctrl〉+〈Shift〉+〈Page Up〉

39. 다음 시트의 [D10]셀에서 =DCOUNT(A2:F7, 4, A9:B10)을 입력했을 때 결과 값으로 옳은 것은?

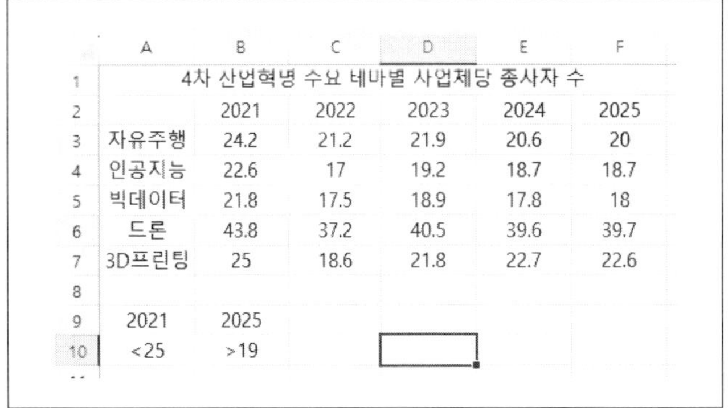

	A	B	C	D	E	F
1			4차 산업혁명 수요 예과별 사업체당 종사자 수			
2		2021	2022	2023	2024	2025
3	자유주행	24.2	21.2	21.9	20.6	20
4	인공지능	22.6	17	19.2	18.7	18.7
5	빅데이터	21.8	17.5	18.9	17.8	18
6	드론	43.8	37.2	40.5	39.6	39.7
7	3D프린팅	25	18.6	21.8	22.7	22.6
8						
9	2021	2025				
10	<25	>19				

① 0

② 1

③ 2

④ 3

⑤ 4

40. 기억장치 배치전략이란 프로그램을 주기억장치 내의 어디에 위치시킬 것인가를 결정하는 전략을 의미한다. 아래와 같은 메모리 영역이 주어져 있다. 이 때 주기억장치 관리 기법에서 worst-fit을 사용할 경우에 10K의 프로그램이 할당받게 되는 영역의 번호를 고르면? (단, 모든 영역은 현재 공백 상태라고 가정한다.)

영역 1	9K
2	15K
3	10K
4	30K

① 영역 1 ② 영역 2
③ 영역 3 ④ 영역 4
⑤ 정답 없음

41. 다음 중 수요예측에 활용하는 시계열 분석에 대한 내용으로 가장 바르지 않은 것을 고르면?

① 시계열은 어떤 경제 현상이나 또는 자연 현상 등에 대한 시간적인 변화를 나타내는 자료이므로 어느 한 시점에서 관측된 시계열 자료는 그 이전까지의 자료들에 의존하게 되는 특성이 있다.

② 시계열 자료는 주가 지수와는 다르게 매 단위 시간에 따라 측정되어 생성되어지지 않으며 횡단면 자료에 비하여 상대적으로 많은 수의 변수로 구성된다.

③ 시간이 경과함에 따라 기술 진보에 의해 경제 현상들은 성장하게 되고, 농·수산 부문과의 연관된 경제 현상 등은 자연의 영향 특히 계절적 변동으로부터 많은 영향을 받게 된다.

④ 통계적인 숫자를 시간 흐름에 의해 일정한 간격으로 기록한 통계계열을 시계열 데이터라고 하며, 이러한 계열의 시간적인 변화에는 갖가지 원인에 기인한 변동이 포함되어 있다.

⑤ 이 방식은 경기변동 등의 연구에 활용되고 있다.

42. 주로 자원이 한정된 중소기업이 많이 사용하는 전략은?
① 마케팅믹스 전략
② 무차별적 마케팅전략
③ 집중적 마케팅전략
④ 차별적 마케팅전략
⑤ 가격차별전략

43. 다음 중 지식기반 조직에 관한 설명들 중 옳지 않은 것은?

① 이러한 조직의 경우 지식 및 정보의 활용을 강조하는 조직을 말한다.

② 지식기반 조직의 경우 구성원들로 하여금 조직의 목표를 성취하는 데 있어서만 필요한 지식 및 기술을 찾아내 활용 가능하도록 보장한 조직이다.

③ 지식기반 조직에서 조직의 리더는 구성원 개개인의 역할이 발휘될 수 있도록 유도해야 한다.

④ 지식기반 조직은 하부 조직단위의 업무목표와 실적이 전체 조직의 목표로 환류될 수 있어야 한다.

⑤ 지식기반 조직은 필요한 정보와 지식 그리고 경험이 조직 내에서 공유될 수 있는 탄력적이고 개방적인 조직이어야 한다.

44. 기업 조직의 상하 구성원들이 서로의 참여 과정을 통해 기업 조직 단위와 구성원의 목표를 명확하게 설정하고, 그로 인한 생산 활동을 수행하도록 한 뒤, 업적을 측정 및 평가함으로써 조직 관리에 있어서의 효율화를 기하려는 일종의 포괄적인 조직관리 체제를 의미한다. 또한 이 방식은 종합적인 조직운영 기법으로 활용될 뿐만 아니라, 근무성적평정 수단으로, 더 나아가 예산 운영 및 재정관리의 수단으로 다양하게 활용되고 있는 방식인데, 이를 무엇이라고 하는가?

① X이론

② 목표에 의한 관리

③ Y이론

④ 자기통제

⑤ 문제해결

45. 다음 경제적 주문량의 기본가정으로 보기 어려운 것은?

① 재고부족이 허용된다.

② 계획기간 중 해당품목의 수요량은 항상 일정하며, 알려져 있다.

③ 연간 단위재고 유지비용은 수량에 관계없이 일정하다.

④ 주문량이 일시에 입고된다.

⑤ 단위구입비용이 주문수량에 관계없이 일정하다.

46. 다음 SERVQUAL의 준거기준 중 고객에 대해 직원들의 능력·예절·신빙성·안전성을 전달하는 능력을 나타내는 것은?

① 유형성

② 대응성

③ 신뢰성

④ 공감성

⑤ 확신성

47. 다음의 보기 중 테일러와 관련한 설명으로 보기 가장 어려운 것은?

① 기업 조직의 운영에 있어 기획이나 실행의 분리를 기본으로 하고 있다.

② 전체 작업에 있어 시간 및 동작연구를 적용하고 표준작업 시간을 설정하고 있다.

③ 직능적 조직에 의해 관리의 전문화를 꾀하고 있다.

④ 차별성과급제를 도입하였다.

⑤ 임금은 생산량에 반비례하고, 임금률의 경우 시간연구로 인해 얻은 표준에 따라 결정하였다.

48. 다음 중 제조업자가 개방적 유통경로보다 전속적 유통경로를 취하게 되는 동기를 모두 고르시오.

> ㉠ 소매업자가 재고를 대규모로 유지할 필요가 경우
> ㉡ 전문품을 적극적으로 마케팅할 필요가 있는 경우
> ㉢ 제조업자가 중간상에 대한 통제를 강화하고자 하는 경우
> ㉣ 유통업자가 상품설치 및 수리서비스를 수행해야 하는 경우
> ㉤ 제조업자가 중간상으로 하여금 해당 상품을 적극적으로 촉진시키고자 하는 경우

① ㉠㉡㉢
② ㉡㉢㉣
③ ㉡㉢㉣㉤
④ ㉠㉡㉢㉣
⑤ ㉠㉡㉢㉣㉤

49. 소비자들에게 타사제품과 비교하여 자사제품에 대한 차별화된 이미지를 심어주기 위한 계획적인 전략접근법을 무엇이라고 하는가?

① 포지셔닝 전략
② 시장세분화 전략
③ 가격차별화 전략
④ 제품차별화 전략
⑤ 광고차별화 전략

50. 다음 중 관찰법에 관한 설명으로 가장 바르지 않은 항목은?

① 조사대상의 행동 및 상황 등을 직접적 또는 기계장치 등을 통해 관찰해서 자료를 수집하는 방법이다.
② 제공할 수 없거나 제공하기를 꺼려하는 정보 등을 취득하는 데 적합한 방식이다.
③ 자료를 수집함에 있어서 피 관찰자의 협조의도 및 응답능력 등은 문제가 되지 않는다.
④ 피관찰자 자신 스스로가 관찰을 당한다는 사실을 인지하지 못하게 하는 것이 중요하며, 만약의 경우에 이를 알게 될 경우에 피관찰자는 평소와는 다른 행동을 할 수도 있다.
⑤ 피관찰자의 느낌이나 동기, 장기적인 행동 등에 대해서도 관찰이 가능하다.

51. 조사방법과 자료수집 방법이 결정되면 조사대상을 어떻게 선정할 것인가 하는 문제에 직면하게 된다. 이 때 표본설계는 전수조사를 할 것인가 표본조사를 할 것인가를 먼저 정해야 하는데, 다음 중 표본설계 시 고려요인에 해당하지 않는 것을 고르면?

① 표본 크기
② 표본 단위
③ 표본추출절차
④ 모집단의 분류
⑤ 자료수집수단

52. 다음 중 특정제품에 대해 좋은 선입관을 갖고 있다면 제품의 좋은 정보만 받아들이고 나쁜 정보는 여간해서는 수긍하지 않는 경향이 있는데 이를 무엇이라고 하는가?

① 장기기억   ② 선택적 보유
③ 선택적 노출   ④ 선택적 주의
⑤ 선택적 왜곡

53. 다음 중 투-빈 (Two-Bin) 시스템에 대한 설명으로 바르지 않은 것은?

① 발주점법의 변형인 투-빈 시스템은 주로 저가품(편의품 등)에 적용한다.
② 투-빈 시스템은 두 개의 상자에 부품을 보관해서 필요시에 하나의 상자에서 지속적으로 부품을 꺼내어 사용하다가 처음 상자가 바닥날 때까지 사용하고 나면, 다음 상자의 부품을 꺼내어 사용하면서 발주를 시켜 이전의 바닥난 상자를 채우는 방식이다.
③ 투-빈 시스템은 재고수준을 계속적으로 조사해야 한다.
④ 투-빈 시스템은 일반적으로 조달기간 동안에는 나머지 상자에 남겨져 있는 부품으로 충당하게 된다.
⑤ 투-빈 시스템은 재고관리에서 C그룹에 적용되어진다.

54. 다음 중 인적자원계획의 효과에 대한 설명으로 바르지 않은 것은?

① 효율적 인적자원 계획으로 인해 구성원들의 사기 및 만족도가 증가한다.
② 구성원들에 대한 적절한 교육훈련계획의 수립이 가능해진다.
③ 새로운 사업기회에 대한 확보능력이 상승된다.
④ 적정 수의 인적자원 확보를 통한 노동의 비용이 감소된다.
⑤ 불필요한 노동력의 감소 및 증대에 따른 통제가 어렵다.

55. 포드시스템(ford system)에 관한 설명 중 적절하지 않은 것은?

① 기업관리에 있어서 인간관계의 분석과 노사 간의 협조에 중점을 두었다.
② 포드(H. Ford)는 기업의 경영을 사회에 대한 봉사의 수단으로 생각하였다.
③ 포드시스템은 과학적 관리운동이 봉착한 딜레마를 타개하기 위하여 주창된 것이었다.
④ 분업생산공정의 철저한 기계화로 각종 작업의 전체적 동시진행을 실현하고 관리활동을 자동화한 제도이다.
⑤ 포드가 최초로 컨베이어 시스템을 조립 작업에 적용한 것은 1913년 실시한 자기발전기의 조립 작업이다.

56. 기업회계 기준서에서 기업들에게 공시하도록 요구하는 재무제표 종류에 해당하지 않는 것은?

① 재무상태표
② 포괄손익계산서
③ 자본변동표
④ 현금흐름표
⑤ 영업보고서

57. 다음은 무차익조건에 관련한 내용들이다. 이 중 가장 옳지 않은 것은?

① 무위험 차익거래란 투자액의 부담 및 리스크의 부담도 없이 확실하게 이익을 얻어내는 차익거래를 말한다.

② 밀러와 모딜리아니는 무차익조건을 기반으로 하여 최적자본구조이론을 제시하게 되었다.

③ 어떠한 가격수준에서 차익거래가 완전하게 해소되지 않아 초과공급 및 초과수요가 존재하게 되면 이것이 곧 균형가격이다.

④ 합리적인 투자자 서로가 경쟁하는 시장에서 차익거래의 기회가 존재할 수 없는 것을 무차익조건이라 한다.

⑤ 크나큰 부를 축적하고 싶어하는 투자자는 무위험한 차익거래의 기회가 제공되면 가능한 커다란 규모의 차익거래를 실행해서 더 많은 차익거래에 대한 이익을 얻고자 할 것이다.

58. 다음 중 수직적 마케팅 시스템의 도입배경으로 적절하지 않은 것은?

① 목표이익의 확보

② 소량생산에 의한 소량판매의 요청

③ 기업의 상품이미지 제고

④ 경쟁자에 대한 효과적인 대응

⑤ 유통비용의 절감

59. 다음 표적시장의 선정 시 고려요소로서 적절하지 않은 것은?

① 시장의 동질성

② 제품의 동질성

③ 제품수명주기

④ 공급자의 민감도

⑤ 기업의 자원

60. 다음 중 각 중간상에게 주어지는 할인율은 대체로 수행하는 경로기능에 따라 정해지지만 경우에 따라서는 경로구성원의 시장파워에 의해 결정되는 경우도 있는 할인의 형태는?

① 판매촉진 지원금(Promotional Allowances)

② 계절할인(Seasonal Discounts)

③ 거래할인(Trade Discounts)

④ 수량할인(Quantity Discounts)

⑤ 현금할인(Cash Discounts)

61. 계정과목의 분류가 올바르지 않은 것은?

① 유동자산－선수금, 미수금, 현금

② 비유동자산－특허권, 소프트웨어, 기계장치

③ 유동부채－예수금, 미지급금, 선수수익

④ 비유동부채－사채, 장기차입금, 퇴직급여충당부채

⑤ 납입자본－자본금, 주식발행초과금, 감자차익

62. 다음은 경로갈등에 관한 설명이다. 이 중 부적절한 항목은?

① 수직적 갈등은 서로 다른 단계의 경로 사이에서 갈등이 발생되어지는 것을 말한다.

② 수평적 갈등은 유통경로 상의 동일한 단계에서 발생되어지는 갈등을 말한다.

③ 역기능적 갈등은 경로 성과에 있어 부정적 영향을 가져다주는 갈등을 말한다.

④ 순기능적 갈등은 경로갈등을 통해서 경로 내의 문제를 발견하고 이러한 문제들을 해결함으로써 경로성과의 향상을 가져다주는 갈등을 말한다.

⑤ 중립적 갈등은 경로성과에 영향을 끼치지 않는 것으로 경로구성원들 간 상호의존 정도가 상당히 낮을 경우에 발생하게 된다.

63. 다음 중 EDI(Electronic Data Interchange)에 관한 내용으로 보기 어려운 것은?

① 거래업체 간에 상호 합의된 전자문서표준을 이용하여 인간의 조정을 최소화한 컴퓨터와 컴퓨터 간의 구조화된 데이터의 전송하는 방식이다.

② 기업의 업무효율을 높인다.

③ 소요시간이 단축되는 특징이 있다.

④ 정확하지만 많은 노동력이 필요하다.

⑤ 국내에서는 1987년에 대우자동차가 미국의 거래선인 GM사와 EDI거래를 시작하면서 처음 도입되었다.

64. 다음 중 저수익률의 고화전율 전략으로 보기 어려운 것은?

① 점포에 내점하기 전에 고객이 구매를 결정하는 제품

② 서비스, 특징적 상품, 판매기법이 고객의 선택에 영향

③ 별도의 노력 없이 팔리는 잘 알려진 제품

④ 독립지역이나 임대료가 저렴한 곳에 위치

⑤ 시중보다 낮은 가격으로 가격에 초점을 둔 촉진

65. 다음 중 제3자 물류에 관한 설명으로 바르지 않은 것은?

① 화주와의 관계는 계약기반, 전략적 제휴를 따르고 있다.

② 도입에 있어서의 결정 권한은 최고경영자에게 있다.

③ 운영기간은 단기적이고 일시적이다.

④ 서비스의 범위는 종합 물류서비스를 지향한다.

⑤ 통합관리형태를 띠고 있다.

66. 다음 중 성격이 다른 하나는?

① 재화와 서비스의 가치상실을 감소시키는 위험부담의 기능

② 단기운전자본 등의 융통을 가능하게 하는 금융기능

③ 수송·보관·하역 등으로 시간적 효용과 장소적 효용을 창출하는 기능

④ 품질적 격리를 조절하여 제품 유통의 원활과 생산합리화를 기하려는 표준화 기능

⑤ 마케팅관련 시장정보를 제공하여 관념적 격리를 좁혀주는 시장정보 기능

67. 다음은 수익증권에 관한 설명이다. 이 중 가장 옳지 않은 것을 고르면?

① 수익증권에 관련한 투자자는 투자신탁회사의 주주가 아니다.

② 펀드에 대한 운용과 관리에 따른 투명성이 상당히 높다.

③ 수익증권은 재산운용에 있어 신탁을 의뢰하여 해당 수익을 취득할 권리가 표기되어 있는 증권이라 할 수 있다.

④ 펀드의 운용에 있어 중도해지가 쉽지 않다.

⑤ 투자신탁회사는 신탁되어진 포트폴리오에 대한 청구권을 나타내는 수익증권을 발행해서 자금을 모은다.

68. PER(Price Earnings Ratio)는 현 주가가 주당이익의 몇 배인지를 나타내는 정보이다. 다음 중 이에 대한 내용으로 바르지 않은 것은?

① PER는 해당 기업조직에 대한 시장의 신뢰도 지표로는 활용이 불가능하다.

② PER가 높으면 높을수록 주가가 고평가되어 있다고 할 수 있다.

③ PER는 구성요소에 대한 예측이 배당평가모형에 비해서 용이하다.

④ PER는 이익의 크기가 다른 비슷한 기업 조직들의 주가수준을 쉽게 비교할 수 있는 특징을 지니고 있다.

⑤ 주가수익비율 자체는 현 주가를 이익에 의해 상대적으로 표현하는 것으로 좋은 투자지표가 된다고 할 수 있다.

69. 다음 중 선물계약(Futures Contract)에 대한 설명으로 바르지 않은 것은?

① 선물의 매입 및 매도에 있어 비용이나 수익 등은 발생하게 된다.

② 최초의 거래 시점에서 선물거래의 가치는 0이다.

③ 선물거래로 인한 손익의 기댓값은 0이다.

④ 선물매입자와 매도자의 손익을 합산하면 항상 0이 된다.

⑤ 만기에 기초자산을 선물가격으로 인수함으로써 거래는 청산되게 된다.

70. 다음 중 POS 시스템에 관한 설명으로 바르지 않은 것은?

① POS 터미널의 도입에 의해 판매원 교육 및 훈련시간이 길어지고 이로 인해 입력 오류가 빈번해졌다.

② 전자주문 시스템과 연계하여 신속하고 적절한 구매를 할 수 있다.

③ 단품관리에 의해 잘 팔리는 상품과 잘 팔리지 않는 상품을 즉각적으로 찾아낼 수 있다.

④ 재고의 적정화, 물류관리의 합리화, 판촉전략의 과학화 등을 가져올 수 있다.

⑤ 점포등록시간이 단축되어 고객대기시간이 줄어들며, 그로 인해 계산대의 수를 줄임으로써 인력 및 비용절감의 효과를 얻을 수 있다.

71. 다음 고객관계관리(CRM)에 대한 설명으로 바르지 않은 것은?

① CRM은 Customer Relationship Management의 약어이다.

② CRM은 '고객과 어떠한 관계를 형성해 나갈 것인가'보다는 '단순히 제품을 판매'하는 것에 주안점을 두고 있다.

③ CRM을 구현하기 위해서 고객 통합 데이터베이스가 구축되어야 하고, 구축된 DB로 고객 특성을 분석하고 고객 개개인의 행동을 예측해서 다양한 마케팅 채널과 연계되어야 한다.

④ CRM은 고객의 정보, 다시 말해 데이터베이스를 기반으로 고객을 세부적으로 분류해서 효과적이면서 효율적인 마케팅 전략을 개발하는 경영전반에 걸친 관리체계이며, 이를 정보기술이 밑받침되어 구성된다.

⑤ 기업이 고객과 관련된 내외부 자료를 분석 및 통합하여 고객 중심의 자원을 극대화하고 이를 기반으로 고객의 특성에 맞게 마케팅 활동을 계획, 지원, 평가하는 과정인 것이다.

72. 다음 내용은 X이론에 관련한 것이다. 이 중 가장 거리가 먼 것을 고르면?

① 변화에 대해서 싫어하여 저항하는 경향을 보인다.

② 대다수의 사람들은 게으르고 일하기를 싫어하는 경향을 보인다.

③ 타인중심적이고 조직의 요구에 많은 관심을 가지는 경향을 보인다.

④ 양심도 없고 책임지기를 싫어하는 경향을 보인다.

⑤ 지시에 따르는 걸 좋아하는 경향을 보인다.

73. 다음 중 직무만족에 대한 설명으로 가장 거리가 먼 것은?

① 직무만족이 높은 사람일수록 직장을 그만둘 확률이 낮다.

② 직무만족이 높을수록 조직시민행동이 적게 나타난다.

③ 직무만족은 개인이 직무나 직무경험에 대한 평가의 결과로 얻게 되는 감정의 상태이다.

④ 직무만족은 사람, 문화에 따라 어느 자원에 대한 만족을 더 중요시 하는가가 다르다.

⑤ 직무만족은 단일 파원이 아닌 다차원의 개념이며 조직의 다양한 성과요인들과 관련된다.

74. 다음 중 거래적 리더십에 대한 설명으로 바르지 않은 것은?

① 구성원들이 규칙 및 관례에 따르기를 선호한다.

② 구성원들에게 즉각적이면서도 가시적인 보상으로 동기를 부여한다.

③ 소극적인 성격을 지닌다.

④ 리더십 요인으로는 업적에 의한 보상 등이 있다.

⑤ 장기적인 효과 및 가치를 창조하는 데 관심을 두고 있다.

75. 다음 Mcclleland의 성취동기이론에서 가장 강조되는 욕구는 무엇인가?

① 성격욕구

② 존경욕구

③ 성취욕구

④ 친교욕구

⑤ 권력욕구

76. 다음 중 관료제 조직관에 대한 내용으로 바르지 않은 것은?

① 사적인 요구 및 관심이 조직 활동과는 완전하게 분리된다.

② 선발 및 승진결정에 있어서 기술적인 자질, 능력, 업적 등에 근거한다.

③ 조직 내 경력경로를 제공하여 직장 안정을 확보한다.

④ 개인적인 특성, 기호 등이 개입되지 않도록 동일한 제재 및 강제력을 적용한다.

⑤ 관료제 조직관은 작업상의 유동성을 보장한다.

77. 다음 중 아래의 그림과 관련된 설명으로 보기 어려운 것을 고르면?

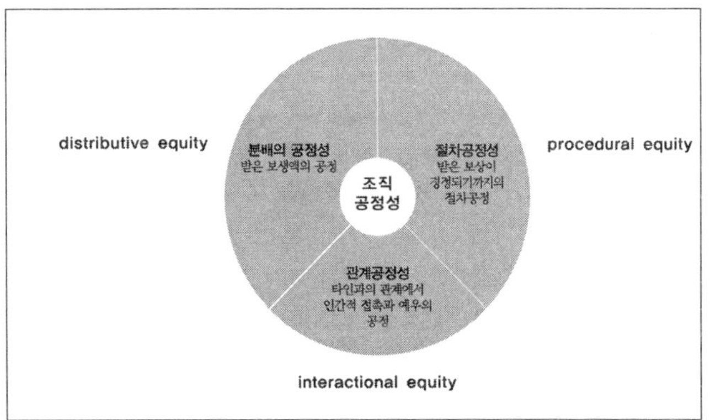

① 위 그림과 관련되는 조직공정성의 3가지 측면은 분배적, 절차적, 관계적 공정성이다.

② 분배적 공정성은 회사 조직의 자원을 구성원들 사이에 공평하게 분배했느냐의 문제를 말한다.

③ 절차적 공정성은 회사 조직의 의사결정과정이 공정했느냐의 여부를 말한다.

④ 개인이 불공정성을 지각하면 대개 부족한 보상에 따른 불만이나 과다한 보상에 따른 부담감이나 불안감을 나타내어 불공정성을 증가시키는 방향으로 동기부여 된다.

⑤ 관계적 공정성은 인간관계에서 인간적인 대우를 포함한 질적인 차원에서의 공정성을 말한다.

78. 다음 중 내부 마케팅에 대한 내용으로 적절하지 않은 것은?

① 자격을 지닌 구성원의 선발, 구성원이 직무에 만족할 수 있도록 직무의 환경을 조성해 준다.

② 구성원이 기업 지향적인 인식 및 태도를 지닐 수 있도록 동기부여를 하고 개발시킨다.

③ 구성원을 최초의 고객으로 바라본다.

④ 좋은 서비스를 존중한다는 것은 좋은 서비스를 중요시하고 이를 높게 평가한다는 것을 의미한다.

⑤ 접점 구성원(종사원)은 외부환경 및 조직 내부 운영 활동 간 연결고리 역할을 한다.

79. 통상적으로 제품수명주기는 "도입기-성장기-성숙기-쇠퇴기"로 구분된다. 다음 박스 안의 내용은 제품수명주기(PLC)중 "도입기-성장기-성숙기-쇠퇴기" 중 어느 한 부분에 관련한 설명이다. 이 시기에 대한 설명으로 가장 바르지 않은 것을 고르면?

> 연철이와 용구는 칼로리는 낮추면서 청량감을 주는 맥주를 개발하였다. 하지만, 자본도 부족하고 주류시장에서는 한참 후발주자인 두 사람은 시장에 진입하기 위한 전략을 짜게 되었고 구체적인 마케팅 방법도 고안해 내고 진입시점을 고려하고 있다.

① 제품수정이 이루어지지 않은 기본형 제품이 생산된다.

② 획기적인 맥주를 개발하였기 때문에 별다른 수고도 없으며 유통촉진비용 또한 필요 없다.

③ 이익이 전혀 없거나, 혹은 "-"이거나, 있다 해도 이익수준이 극히 낮다.

④ 제품에 대한 인지도나 수용도가 낮고, 판매성장률 또한 매우 낮다.

⑤ 구매가능성이 가장 높은 고객에게 판매의 초점을 맞추고, 일반적으로 가격은 높게 책정되는 경향이 있다.

80. 손익분기점과 목표이익을 분석하는 계산식으로 옳은 것은?

① 목표매출액=변동비+고정비+목표이익

② 손익분기점 매출액=공헌이익+변동비+고정비

③ 손익분기점 판매량×단위당 공헌이익=변동비

④ 손익분기점 매출액×공헌이익률=공헌이익

⑤ 목표판매량×단위당 공헌이익=변동비+목표이익

대구교통공사 필기시험 모의고사

성 명

수 험 번 호							
⓪	⓪	⓪	⓪	⓪	⓪	⓪	⓪
①	①	①	①	①	①	①	①
②	②	②	②	②	②	②	②
③	③	③	③	③	③	③	③
④	④	④	④	④	④	④	④
⑤	⑤	⑤	⑤	⑤	⑤	⑤	⑤
⑥	⑥	⑥	⑥	⑥	⑥	⑥	⑥
⑦	⑦	⑦	⑦	⑦	⑦	⑦	⑦
⑧	⑧	⑧	⑧	⑧	⑧	⑧	⑧
⑨	⑨	⑨	⑨	⑨	⑨	⑨	⑨

직업기초능력평가 / 경영학개론

직업기초능력평가				경영학개론		
1 ① ② ③ ④ ⑤	21 ① ② ③ ④ ⑤	41 ① ② ③ ④ ⑤	61 ① ② ③ ④ ⑤
2 ① ② ③ ④ ⑤	22 ① ② ③ ④ ⑤	42 ① ② ③ ④ ⑤	62 ① ② ③ ④ ⑤
3 ① ② ③ ④ ⑤	23 ① ② ③ ④ ⑤	43 ① ② ③ ④ ⑤	63 ① ② ③ ④ ⑤
4 ① ② ③ ④ ⑤	24 ① ② ③ ④ ⑤	44 ① ② ③ ④ ⑤	64 ① ② ③ ④ ⑤
5 ① ② ③ ④ ⑤	25 ① ② ③ ④ ⑤	45 ① ② ③ ④ ⑤	65 ① ② ③ ④ ⑤
6 ① ② ③ ④ ⑤	26 ① ② ③ ④ ⑤	46 ① ② ③ ④ ⑤	66 ① ② ③ ④ ⑤
7 ① ② ③ ④ ⑤	27 ① ② ③ ④ ⑤	47 ① ② ③ ④ ⑤	67 ① ② ③ ④ ⑤
8 ① ② ③ ④ ⑤	28 ① ② ③ ④ ⑤	48 ① ② ③ ④ ⑤	68 ① ② ③ ④ ⑤
9 ① ② ③ ④ ⑤	29 ① ② ③ ④ ⑤	49 ① ② ③ ④ ⑤	69 ① ② ③ ④ ⑤
10 ① ② ③ ④ ⑤	30 ① ② ③ ④ ⑤	50 ① ② ③ ④ ⑤	70 ① ② ③ ④ ⑤
11 ① ② ③ ④ ⑤	31 ① ② ③ ④ ⑤	51 ① ② ③ ④ ⑤	71 ① ② ③ ④ ⑤
12 ① ② ③ ④ ⑤	32 ① ② ③ ④ ⑤	52 ① ② ③ ④ ⑤	72 ① ② ③ ④ ⑤
13 ① ② ③ ④ ⑤	33 ① ② ③ ④ ⑤	53 ① ② ③ ④ ⑤	73 ① ② ③ ④ ⑤
14 ① ② ③ ④ ⑤	34 ① ② ③ ④ ⑤	54 ① ② ③ ④ ⑤	74 ① ② ③ ④ ⑤
15 ① ② ③ ④ ⑤	35 ① ② ③ ④ ⑤	55 ① ② ③ ④ ⑤	75 ① ② ③ ④ ⑤
16 ① ② ③ ④ ⑤	36 ① ② ③ ④ ⑤	56 ① ② ③ ④ ⑤	76 ① ② ③ ④ ⑤
17 ① ② ③ ④ ⑤	37 ① ② ③ ④ ⑤	57 ① ② ③ ④ ⑤	77 ① ② ③ ④ ⑤
18 ① ② ③ ④ ⑤	38 ① ② ③ ④ ⑤	58 ① ② ③ ④ ⑤	78 ① ② ③ ④ ⑤
19 ① ② ③ ④ ⑤	39 ① ② ③ ④ ⑤	59 ① ② ③ ④ ⑤	79 ① ② ③ ④ ⑤
20 ① ② ③ ④ ⑤	40 ① ② ③ ④ ⑤	60 ① ② ③ ④ ⑤	80 ① ② ③ ④ ⑤

대구교통공사

경영학개론

제2회 모의고사

성명		생년월일	
문제 수(배점)	80문항	풀이시간	/ 80분
영역	직업기초능력평기, 전공괴목(경영학개론)		
비고	객관식 5지선다형		

✎ **직업기초능력평가(40문항)**

1. 밑줄 친 단어의 맞춤법이 옳은 것은?

① 그대와의 추억이 <u>있으매</u> 저는 행복하게 살아갑니다.

② 신제품을 <u>선뵀어도</u> 매출에는 큰 영향이 없을 거예요.

③ 생각지 못한 일이 자꾸 생기니 그때의 상황이 참 <u>야속터군요.</u>

④ 그 발가숭이 몸뚱이가 위로 번쩍 쳐들렸다가 물속에 텀벙 <u>처박히는</u> 순간이었습니다.

⑤ 하늘이 뚫린 것인지 <u>몇 날 몇 일</u>을 기다려도 비는 그치지 않았다.

2. 다음 중 띄어쓰기가 모두 옳은 것은?

① 행색이∨초라한∨게∨보아∨하니∨시골∨양반∨같다.

② 이처럼∨희한한∨구경은∨난생∨처음입니다.

③ 이제∨별볼일이∨없으니∨그냥∨돌아갑니다.

④ 하잘것없는∨일로∨형제∨끼리∨다투어서야∨되겠소?

⑤ 동생네는∨때맞추어∨모든∨일을∨잘∨처리해∨나갔다.

3. 다음 중 제시된 문장의 빈칸에 들어갈 단어로 알맞은 것을 고르시오.

> • 환전을 하기 위해 현금을 (　)했다.
> • 장기화 되던 법정 다툼에서 극적으로 합의가 (　)되었다.
> • 회사 내의 주요 정보를 빼돌리던 스파이를 (　)했다.

① 입출(入出) – 도출(導出) – 검출(檢出)

② 입출(入出) – 검출(檢出) – 도출(導出)

③ 인출(引出) – 도출(導出) – 색출(索出)

④ 인출(引出) – 검출(檢出) – 색출(索出)

⑤ 수출(輸出) – 도출(導出) – 검출(檢出)

4. 다음 글의 중심 내용으로 가장 적절한 것을 고르시오.

> 한 번에 두 가지 이상의 일을 할 때 당신은 마음에게 흩어지라고 지시하는 것입니다. 그것은 모든 분야에서 좋은 성과를 내는 데 필수적인 요소가 되는 집중과는 정반대입니다. 당신은 자신의 마음이 분열되는 상황에 처하도록 하는 경우도 많습니다. 마음이 흔들리도록, 과거나 미래에 사로잡히도록, 문제들을 안고 낑낑거리도록, 강박이나 충동에 따라 행동하는 때가 그런 경우입니다. 예를 들어, 읽으면서 동시에 먹을 때 마음의 일부는 읽는 데 가 있고, 일부는 먹는 데 가 있습니다. 이런 때는 어느 활동에서도 최상의 것을 얻지 못합니다. 다음과 같은 부처의 가르침을 명심하세요. '걷고 있을 때는 걸어라. 앉아 있을 때는 앉아 있어라. 갈팡질팡하지 마라.' 당신이 하는 모든 일은 당신의 온전한 주의를 받을 가치가 있는 것이어야 합니다. 단지 부분적인 주의를 받을 가치밖에 없다고 생각하면, 그것이 진정으로 할 가치가 있는지 자문하세요. 어떤 활동이 사소해 보이더라도, 당신은 마음을 훈련하고 있다는 사실을 명심하세요.

① 일을 시작하기 전에 먼저 사소한 일과 중요한 일을 구분하는 습관을 기르라.
② 한 번에 두 가지 이상의 일을 성공적으로 수행할 수 있도록 훈련하라.
③ 자신이 하는 일에 전적으로 주의를 집중하라.
④ 과거나 미래가 주는 교훈에 귀를 기울이라.
⑤ 모든 일에 가치를 판단하고 시작하라.

5. 다음 괄호 안에 알맞은 접속사를 고르시오.

항공기 결빙은 기체에 달라붙으므로 착빙(着氷)이라고 부른다. 먼저 기체에 달라붙는 착빙으로는 서리 착빙이 있다. 이는 활주로에 주기 중인 항공기에 잘 발생하며, 맑은 날 복사냉각에 의해 공기 온도가 0℃ 이하로 냉각될 때 항공기 기체에 접촉된 수증기가 승화해서 만들어지는 것이다. 서리가 내리는 것과 같은 원리다. 이 외에 비행 중에도 서리 착빙이 발생하기도 한다. 이는 빙점 이하의 아주 저온인 기층에서 비행해 온 항공기가 급격히 고온다습한 공기층으로 비행할 때 발생한다. 서리 착빙은 새털 모양의 부드러운 얼음의 피막 형태로 가벼우며 얼음의 중량은 문제되지 않는다. (   ) 서리가 붙은 그대로 이륙하면 공기흐름이 흐트러져 이륙 속도에 도달할 수 없게 될 수도 있다. (   ) 거친 착빙(rime icing)이 있다. 거친 착빙은 저온인 작은 입자의 과냉각 물방울이 충돌했을 때 생기며, 수빙(樹氷)이라고도 한다. 거친 착빙은 물방울이나 과냉각 물방울이 많은 −20℃~0℃의 기온에서 주로 발생하며 날개 등 항공기 기체 첨단부의 풍상 측에서 잘 발생한다.

① 그리하여, 이를테면
② 한편, 게다가
③ 아무튼, 그렇지만
④ 그러나, 다음으로
⑤ 따라서, 그리하여

6. 다음 글의 제목으로 가장 적절한 것을 고르시오.

매일 먹는 밥. 하지만 밥의 주재료인 쌀에 대해서 아는 사람은 그리 많지 않을 것이다. 쌀이 벼의 씨라는 것쯤은 벼를 본 적이 없는 도시인들도 다 아는 상식이다. 그러나 언제부터 벼를 재배하기 시작했으며, 벼에는 어떤 종류가 있으며, 각 나라의 쌀에는 어떤 차이가 있으며, 그 차이를 만들어내는 원인이 무엇인지는 벼를 재배하고 있는 사람들조차 낯선 정보들이다.
쌀이 중요한 이유는 인간이 살아가는 데 꼭 필요한 영양소인 당질을 공급해 주기 때문이다. 당질은 단백질, 지방질 등과 함께 체외로부터 섭취하지 않으면 살아갈 수 없는 필수 영양소다. 특히 당질은 식물만 생산이 가능하기 때문에 인간에게 있어 곡물 재배의 역사는 곧 인류의 역사라고도 할 수 있다. 쌀은 옥수수, 밀과 함께 세계 3대 곡물이다.
그러나 옥수수가 주로 사료용으로 쓰인다는 점을 감안하면 실제로는 쌀과 밀이 식량으로서의 세계 곡물 시장을 양분하고 있는 셈이다. 곡물이라고 불리는 식물들은 모두 재배식물이다. 벼도 마찬가지로 야생벼의 탄생은 수억년 전으로 거슬러 올라간다. 하지만 재배벼에서 비롯된 오리자 사티바 즉 현재 우리가 먹고 있는 쌀은 1만 년 전 중국 장강 유역에서 탄생했다. 한편 벼 품종은 1920년대 세계 각지의 쌀을 처음으로 본 일본 큐슈대학의 카토 시게모토 교수의 분류법에 따라 재배벼를 일본형인 '자포니카'와 인도형인 '인디카'로 구분해 왔다. 즉 벼를 야생벼와 재배벼가 나눈 다음 재배벼를 다시 인디카와 자포니카로 나눈 것이다. 하지만 자연과학의 발달로 최근에는 이런 분류보다는 벼를 인디카형과 자포니카형으로 나누고 각각을 야생형과 재배형으로 나누는 분류법이 더 타당하다는 주장이 제기되고 있다. 위에서 말한 오리자 사티바는 자포니카를 말한다. 반면 인도 등 남아시아의 벼인 인디카는 중국에서 탄생한 자포니카가 아시아 일대로 옮겨져 야생종과의 교배를 통해 탄생한 것이다. 하지만 전세계 쌀의 90%는 인디카다. 자포니카는 한국과 일본, 중국, 미국 캘리포니아 지역에서만 재배되고 있다.
간단하게 쌀의 기본적인 내용에 대해서 살펴보았지만 벼가 재배되는 지역의 풍토에 따라 쌀과 쌀로 만든 요리도 저마다의 특징을 나타낸다. 그렇다면 각국을 대표하는 쌀 요리를 통하여 쌀의 역사와 세계사적 의미를 살펴보는 것도 의미 있는 작업이 될 것이다.

① 쌀의 구분법　　　　② 쌀의 곡물로서의 가치
③ 쌀의 역사와 종류　　④ 쌀의 영양소
⑤ 쌀의 지역적 분포와 근원

7. 다음 글의 서술 방식에 대한 설명으로 옳지 않은 것은?

글로벌 광고란 특정 국가의 제품이나 서비스의 광고주가 자국 외의 외국에 거주하는 소비자들을 대상으로 하는 광고를 말한다. 브랜드의 국적이 갈수록 무의미해지고 문화권에 따라 차이가 나는 상황에서, 소비자의 문화적 차이는 글로벌 소비자 행동에 막대한 영향을 미친다고 할 수 있다. 또한 점차 지구촌 시대가 열리면서 글로벌 광고의 중요성은 더 커지고 있다. 비교문화연구자 드 무이는 "글로벌한 제품은 있을 수 있지만 완벽히 글로벌한 인간은 있을 수 없다"고 말하기도 했다. 오랫동안 글로벌 광고 전문가들은 광고에서 감성 소구 방법이 이성 소구에 비해 세계인에게 보편적으로 받아들여진다고 생각해 왔지만 특정 문화권의 감정을 다른 문화권에 적용하면 동일한 효과를 얻기 어렵다는 사실이 속속 밝혀지고 있다. 일찍이 홉스테드는 문화권에 따른 문화적 가치관의 다섯 가지 차원을 제시했는데 권력 거리, 개인주의–집단주의, 남성성–여성성, 불확실성의 회피, 장기지향성이 그것이다. 그리고 이 다섯 가지 차원은 국가 간 비교 문화의 맥락에서 글로벌 광고 전략을 전개할 때 반드시 고려해야 하는 기본 전제가 된다.

그렇다면 글로벌 광고의 표현 기법에는 어떤 것들이 있을까? 글로벌 광고의 보편적 표현 기법은 크게 공개 기법, 진열 기법, 연상전이 기법, 수업 기법, 드라마 기법, 오락 기법, 상상 기법, 특수효과 기법 등 여덟 가지로 나눌 수 있다.

① 용어의 정의를 통해 논지에 대한 독자의 이해를 돕고 있다.
② 기존의 주장을 반박하는 방식으로 논지를 펼치고 있다.
③ 의문문을 사용함으로써 독자들로 하여금 호기심을 유발시키고 있다.
④ 전문가의 말을 인용함으로써 글의 신뢰성을 높이고 있다.
⑤ 예시와 열거 등의 설명 방법을 구사하여 주장의 설득력을 높이고 있다.

8. 다음 글을 읽고 알 수 있는 사실로 옳지 않은 것은?

반의관계는 서로 반대되거나 대립되는 의미를 가진 단어 사이의 의미 관계이다. 반의 관계는 두 단어가 여러 공통 의미 요소를 가지고 있으면서 다만 하나의 의미 요소가 다를 때 성립한다. 가령 '총각'의 반의어가 '처녀'인 것은 두 단어가 여러 공통 의미 요소를 가지고 있으면서 '성별'이라고 하는 하나의 의미 요소가 다르기 때문이다. 반의어는 반의관계의 성격에 따라 분류할 수 있다. 즉 반의어에는 '금속', '비금속'과 같이 한 영역 안에서 상호 배타적 대립관계에 있는 상보(모순) 반의어, '길다', '짧다'와 같이 두 단어 사이에 등급성이 있어서 중간 단계가 있는 등급(정도) 반의어, '형', '아우'와 '출발선', '결승선' 등과 같이 두 단어가 상대적 관계를 형성하고 있으면서 의미상 대칭을 이루고 있는 방향(대칭) 반의어가 있다.

① '앞'과 '뒤'는 등급 반의어가 아니다.
② '삶'과 '죽음'은 방향 반의어가 아니다.
③ 상보 반의어에는 '액체'와 '기체'가 있다.
④ 등급 반의어에는 '크다'와 '작다'가 있다.
⑤ 방향 반의어에는 '오른쪽'과 '왼쪽'이 있다.

9. 다음 〈조건〉을 바탕으로 반드시 범인이 아닌 사람을 고르면?

〈조건〉
• A, B, C, D, E 5명 중 2명이 범인이 있다.
• 범인은 목격자가 될 수 없으며, 범인이 아닌 3명 중 1명의 목격자가 있다.
• 5명 중 3명이 진술을 진실이고, 2명의 진술은 거짓이다.

A : E가 범인임을 목격했다.
B : C가 범인임을 목격했다.
C : 나는 범인이다.
D : A의 진술은 진실이다.
E : 나는 범인이 아니다.

① A   ② B
③ C   ④ D
⑤ E

10. 다음 물질 A, B, C의 특성에 대하여 추정한 것으로 옳은 것만을 〈보기〉에서 있는 대로 고른 것은?

갑, 을, 병은 산행을 하다 식용으로 보이는 버섯을 채취하였다. 하산 후 갑은 생버섯 5g과 술 5잔, 을은 끓는 물에 삶은 버섯 5g과 술 5잔, 병은 생버섯 5g만 먹었다.

다음 날 갑과 을은 턱 윗부분만 검붉게 변하는 악취(顎醉) 현상이 나타났으며, 둘 다 5일 동안 지속되었으나 병은 그러한 현상이 없었다. 또한, 세 명은 버섯을 먹은 다음 날 오후부터 미각을 상실했다가, 7일 후 모두 회복되었다. 한 달 후 건강 검진을 받은 세 명은 백혈구가 정상치의 1/3 수준으로 떨어진 것이 발견되어 무균 병실에 입원하였다. 세 명 모두 1주일이 지나 백혈구 수치가 정상이 되어 퇴원하였고 특별한 치료를 한 것은 없었다.

담당 의사는 만성 골수성 백혈병의 권위자였다. 만성 골수성 백혈병은 비정상적인 유전자에 의해 백혈구를 필요 이상으로 증식시키는 티로신 키나아제 효소가 만들어짐으로써 나타난다. 담당 의사는 3개월 전 문제의 버섯을 30g 섭취한 사람이 백혈구의 급격한 감소로 사망한 보고가 있다는 것을 알았으며, 해당 버섯에서 악취 현상 원인 물질 A, 미각 상실 원인 물질 B, 백혈구 감소 원인 물질 C를 분리하였다.

〈보기〉
㉠ A는 알코올과의 상호 작용에 의해서 증상을 일으킨다.
㉡ B는 알코올과의 상관관계는 없고, 물에 끓여도 효과가 약화되지 않는다.
㉢ C는 물에 끓이면 효과가 약화되며, 티로신 키나아제의 작용을 억제하는 물질로 적정량 사용하면 만성 골수성 백혈병 치료제의 가능성이 있다.

① ㉠
② ㉢
③ ㉠, ㉡
④ ㉡, ㉢
⑤ ㉠, ㉡, ㉢

11. 다음을 보고 옳은 것을 모두 고르면?

대구교통공사에서 문건 유출 사건이 발생하여 관련자 다섯 명을 소환하였다. 다섯 명의 이름을 편의상 갑, 을, 병, 정, 무라 부르기로 한다. 다음은 관련자들을 소환하여 조사한 결과 참으로 밝혀진 내용들이다.
㉠ 소환된 다섯 명이 모두 가담한 것은 아니다.
㉡ 갑과 을은 문건유출에 함께 가담하였거나 함께 가담하지 않았다.
㉢ 을이 가담했다면 병이 가담했거나 갑이 가담하지 않았다.
㉣ 갑이 가담하지 않았다면 정도 가담하지 않았다.
㉤ 정이 가담하지 않았다면 갑이 가담했고 병은 가담하지 않았다.
㉥ 갑이 가담하지 않았다면 무도 가담하지 않았다.
㉦ 무가 가담했다면 병은 가담하지 않았다.

① 가담한 사람은 갑, 을, 병 세 사람뿐이다.
② 가담하지 않은 사람은 무 한 사람뿐이다.
③ 가담한 사람은 을과 병 두 사람뿐이다.
④ 가담한 사람은 병과 정 두 사람뿐이다.
⑤ 가담한 사람은 갑, 을, 병, 무 이렇게 네 사람이다.

12. 다음 글의 내용이 참일 때, 반드시 참인 것만을 모두 고른 것은?

전통문화 활성화 정책의 일환으로 일부 도시를 선정하여 문화관광특구로 지정할 예정이다. 특구 지정 신청을 받아본 결과, A, B, C, D, 네 개의 도시가 신청하였다. 선정과 관련하여 다음 사실이 밝혀졌다.

• A가 선정되면 B도 선정된다.
• B와 C가 모두 선정되는 것은 아니다.
• B와 D 중 적어도 한 도시는 선정된다.
• C가 선정되지 않으면 B도 선정되지 않는다.

㉠ A와 B 가운데 적어도 한 도시는 선정되지 않는다.
㉡ B도 선정되지 않고, C도 선정되지 않는다.
㉢ D는 선정된다.

① ㉠
② ㉡
③ ㉠, ㉢
④ ㉡, ㉢
⑤ ㉠, ㉡, ㉢

13. 다음의 선발조건을 근거로 판단하여 2026년 3월 인사 파견에 선발될 직원을 모두 고른 것은?

• 대구교통공사는 소속 임직원들의 역량 강화를 위해 정례적으로 인사 파견을 실시하고 있다.
• 인사 파견은 지원자 중 3명을 선발하여 1년간 이루어지고 파견 기간은 변경되지 않는다.
• 선발조건은 다음과 같다.
　－과장을 선발하는 경우 동일 부서에 근무하는 직원을 1명 이상 함께 선발한다.
　－동일 부서에 근무하는 2명 이상의 팀장을 선발할 수 없다.
　－기술본부 직원을 1명 이상 선발한다.
　－근무평정이 70점 이상인 직원만을 선발한다.
　－어학능력이 '하'인 직원을 선발한다면 어학 능력이 '상'인 직원도 선발한다.
　－직전 인사 파견 기간이 종료된 이후 2년이 경과하지 않은 직원을 선발할 수 없다.
• 2025년 3월 인사 파견의 지원자 현황은 다음과 같다.

직원	직위	근무부서	근무평정	어학능력	직전 인사 파견 시작 시점
A	과장	기술본부	65	중	2014. 1.
B	과장	사업본부	75	하	2015. 1.
C	팀장	기술본부	90	중	2015. 7.
D	팀장	차량본부	70	상	2014. 7.
E	팀장	차량본부	75	중	2015. 1.
F	사원	기술본부	75	중	2015. 1.
G	사원	사업본부	80	하	2014. 7.

① A, D, F
② B, D, G
③ B, E, F
④ C, D, G
⑤ D, F, G

14. 반지 상자 A, B, C 안에는 각각 금반지와 은반지 하나씩 들어있고, 나머지 상자는 비어있다. 각각의 상자 앞에는 다음과 같은 말이 씌어있다. 그런데 이 말들 중 하나의 말만이 참이며, 은반지를 담은 상자 앞 말은 거짓이다. 다음 중 항상 맞는 것은?

A 상자 앞 : 상자 B에는 은반지가 있다.

B 상자 앞 : 이 상자는 비어있다.

C 상자 앞 : 이 상자에는 금반지가 있다.

---

① 상자 A에는 은반지가 있다.

② 상자 A에는 금반지가 있다.

③ 상자 B에는 은반지가 있다.

④ 상자 B에는 금반지가 있다.

⑤ 상자 B는 비어있다.

15. A, B, C, D, E는 형제들이다. 다음의 〈보기〉를 보고 첫째부터 막내까지 올바르게 추론한 것은?

〈보기〉

㉠ A는 B보다 나이가 적다.

㉡ D는 C보다 나이가 적다.

㉢ E는 B보다 나이가 많다.

㉣ A는 C보다 나이가 많다.

---

① E > B > D > A > C

② E > B > A > C > D

③ E > B > C > D > A

④ D > C > A > B > E

⑤ D > C > A > E > B

16. 다음을 읽고 네 사람의 직업이 중복되지 않을 때 C의 직업이 무엇인지 고르면?

㉠ A가 국회의원이라면 D는 영화배우이다.

㉡ B가 승무원이라면 D는 치과의사이다.

㉢ C가 영화배우면 B는 승무원이다.

㉣ C가 치과의사가 아니라면 D는 국회의원이다.

㉤ D가 치과의사가 아니라면 B는 영화배우가 아니다.

㉥ B는 국회의원이 아니다.

---

① 국회의원

② 영화배우

③ 승무원

④ 치과의사

⑤ 알 수 없다.

17. 다음 글은 A 변호사가 B 의뢰자에게 하는 커뮤니케이션의 스킬을 나타낸 것이다. 대화를 읽고 A 변호사의 커뮤니케이션 스킬에 대한 내용으로 가장 거리가 먼 것을 고르면?

A : "좀 꺼내기 어려운 얘기지만 방금 말씀하신 변호사 보수에 대해 저희 사무실 입장을 솔직히 말씀드려도 실례가 되지 않을까요?"

B : 네, 그러세요

A : "아마 알아보시면 아시겠지만 통상 중형법률사무소 변호사들의 시간당 단가가 20만원 내지 40만 원 정도 사이입니다. 이 사건에 투입될 변호사는 3명이고 그 3명의 시간당 단가는 20만원, 25만원, 30만원이며 변호사별로 약 OO 시간 동안 이 일을 하게 될 것 같습니다. 그렇다면 전체적으로 저희 사무실에서 투여되는 비용은 800만 원 정도인데, 지금 의뢰인께서 말씀하시는 300만 원의 비용만을 받게 된다면 저희들은 약 500만 원 정도의 손해를 볼 수밖에 없습니다."

B : 그렇군요.

A : "그 정도로 손실을 보게 되면 저는 대표변호사님이나 선배 변호사님들께 다른 사건을 두고 왜 이 사건을 진행해서 전체적인 사무실 수익성을 악화시켰냐는 질책을 받을 수 있습니다. 어차피 법률사무소도 수익을 내지 않으면 힘들다는 것은 이해하실 수 있으시겠죠?"

B : 네, 이해가 됩니다.

A : "어느 정도 비용을 보장해 주셔야 저희 변호사들이 힘을 내서 일을 할 수 있고, 사무실 차원에서도 제가 전폭적인 지원을 이끌어낼 수 있습니다. 이는 귀사를 위해서도 바람직할 것이라 여겨집니다."

B : 네

A : "너무 제 입장만 말씀 드린 거 같습니다. 제 의견에 대해 어떻게 생각하시는지요?"

B : 듣고 보니 맞는 말씀이네요.

① 상대에게 솔직하다는 느낌을 전달하게 된다.

② 상대가 나의 입장과 감정을 전달해서 상호 이해를 돕는다.

③ 상대는 나의 느낌을 수용하며, 자발적으로 스스로의 문제를 해결하고자 하는 의도를 가진다.

④ 상대에게 개방적이라는 느낌을 전달하게 된다.

⑤ 상대는 변명하려 하거나 반감, 저항, 공격성을 보인다.

18. 다음 글에서 나타난 갈등을 해결한 방법은?

갑과 을은 일 처리 방법으로 자주 얼굴을 붉힌다. 갑은 처음부터 끝까지 계획에 따라 일을 진행하려고 하고, 을은 일이 생기면 즉흥적으로 해결하는 성격이다. 같은 회사 동료인 병은 이 둘에게 서로의 성향 차이를 인정할 줄 알아야 한다고 중재를 했고, 이 둘은 어쩔 수 없이 포기하는 것이 아닌 서로간의 차이가 있다는 점을 비로소 인정하게 되었다.

① 사람들과 눈을 자주 마주친다.

② 다른 사람들의 입장을 이해한다.

③ 사람들이 당황하는 모습을 자세하게 살핀다.

④ 자신의 의견을 명확하게 밝히고 지속적으로 강화한다.

⑤ 어려운 문제는 피하지 말고 맞선다.

19. 효과적인 팀이란 팀 에너지를 최대로 활용하는 고성과 팀이다. 다음 중 이러한 '효과적인 팀'이 가진 특징으로 적절하지 않은 것은?

① 역할과 책임을 명료화시킨다.

② 결과보다는 과정에 초점을 맞춘다.

③ 개방적으로 의사소통한다.

④ 개인의 강점을 활용한다.

⑤ 팀 자체의 효과성을 평가한다.

20. 다음 사례에서 장부장이 취할 수 있는 가장 적절한 행동은 무엇인가?

서울에 본사를 둔 T그룹은 매년 상반기와 하반기에 한 번씩 전 직원이 워크숍을 떠난다. 이는 평소 직원들 간의 단체생활을 중시 여기는 T그룹 회장의 지침 때문이다. 하지만 워낙 직원이 많은 T그룹이다 보니 전 직원이 한꺼번에 움직이는 것은 불가능하고 각 부서별로 그 부서의 장이 재량껏 계획을 세우고 워크숍을 진행하도록 되어 있다. 이에 따라 생산부서의 장부장은 부원들과 강원도 태백산에 가서 1박 2일로 야영을 하기로 했다. 하지만 워크숍을 가는 날 아침 갑자기 예약한 버스가 고장이 나서 출발을 못한다는 연락을 받았다.

① 워크숍은 장소보다도 이를 통한 부원들의 단합과 화합이 중요하므로 서울 근교의 적당한 장소를 찾아 워크숍을 진행한다.

② 무슨 일이 있어도 계획을 실행하기 위해 새로 예약 가능한 버스를 찾아보고 태백산으로 간다.

③ 어쩔 수 없는 일이므로 상사에게 사정을 얘기하고 이번 워크숍은 그냥 집에서 쉰다.

④ 각 부원들에게 의견을 물어보고 각자 자율적으로 하고 싶은 활동을 하도록 한다.

⑤ 시간이 늦어지더라도 예정된 강원도로 야영을 간다.

21. 다음 중 협상에서 주로 나타나는 실수와 그 대처방안이 잘못된 것은?

① 준비되기도 전에 협상이 시작되는 경우 아직 준비가 덜 되었음을 솔직히 말하고 상대방의 입장을 묻는 기회로 삼는다.

② 협상 상대가 협상에 대하여 타결권한을 가진 최고책임자인지 확인하고 협상을 시작한다.

③ 협상의 통제권을 잃을까 두려워하지 말고 의견 차이를 조정하면서 최선의 해결책을 찾기 위해 노력한다.

④ 설정한 목표와 한계에서 벗어나지 않기 위해 한계와 목표를 기록하고 협상의 길잡이로 삼는다.

⑤ 협상 당사자 간에 기대하는 바에 일관성 있게 헌신적으로 부응한다.

22. 갈등해결방법 모색 시 명심해야 할 사항으로 옳지 않은 것은?

① 다른 사람들의 입장 이해하기

② 어려운 문제에 맞서기

③ 어느 한쪽으로 치우치지 않기

④ 적극적으로 논쟁하기

⑤ 존중하는 자세로 대하기

23. 다음에서 설명하는 갈등해결방법은?

자신에 대한 관심은 낮고 상대방에 대한 관심은 높은 경우로, '나는 지고 너는 이기는 방법'이다. 주로 상대방이 거친 요구를 해오는 경우 전형적으로 나타난다.

① 회피형   ② 경쟁형

③ 수용형   ④ 타협형

⑤ 통합형

24. 다음 사례에 나타난 리더십 유형의 특징으로 옳은 것은?

이번에 새로 팀장이 된 대근은 입사 5년차인 비교적 젊은 팀장이다. 그는 자신의 팀에 있는 팀원들은 모두 나름대로의 능력과 경험을 가지고 있으며 자신은 그들 중 하나에 불과하다고 생각한다. 따라서 다른 팀의 팀장들과 같이 일방적으로 팀원들에게 지시를 내리거나 팀원들의 의견을 듣고 그 중에서 마음에 드는 의견을 선택적으로 추리는 등의 행동을 하지 않고 평등한 입장에서 팀원들을 대한다. 또한 그는 그의 팀원들에게 의사결정 및 팀의 방향을 설정하는데 참여할 수 있는 기회를 줌으로써 팀 내 행동에 따른 결과 및 성과에 대해 책임을 공유해 나가고 있다. 이는 모두 팀원들의 능력에 대한 믿음에서 비롯된 것이다.

① 질문을 금지한다.

② 모든 정보는 리더의 것이다.

③ 실수를 용납하지 않는다.

④ 책임을 공유한다.

⑤ 핵심정보를 공유하지 않는다.

 다음에 나열된 숫자의 규칙을 찾아 빈칸에 들어가기 적절한 수를 고르시오.

25.

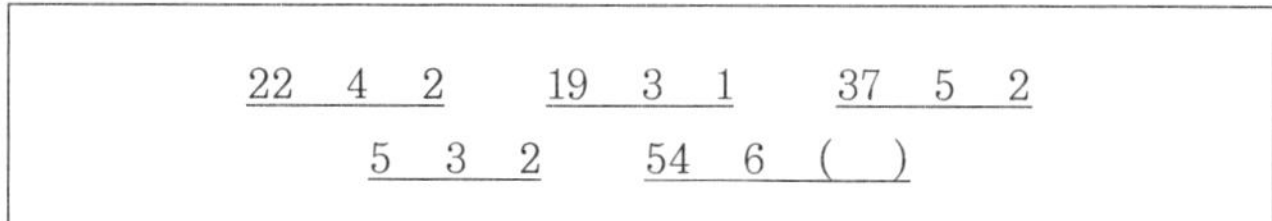

① 0

② 1

③ 2

④ 3

⑤ 4

26.

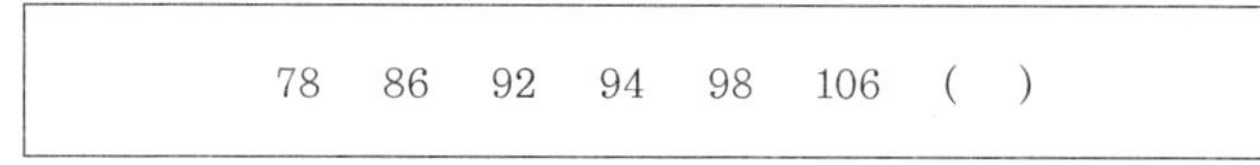

① 110

② 112

③ 114

④ 116

⑤ 118

27.

$$\frac{1}{3} \quad \frac{4}{5} \quad \frac{13}{9} \quad \frac{40}{17} \quad \frac{121}{33} \quad (\quad) \quad \frac{1093}{129}$$

① $\dfrac{364}{65}$

② $\dfrac{254}{53}$

③ $\dfrac{413}{48}$

④ $\dfrac{197}{39}$

⑤ $\dfrac{174}{36}$

28.

피자 1판의 가격이 치킨 1마리의 가격의 2배인 가게가 있다. 피자 3판과 치킨 2마리의 가격의 합이 80,000원일 때, 피자 1판의 가격은?

① 10,000원

② 12,000원

③ 15,000원

④ 18,000원

⑤ 20,000원

29.

○○그룹은 직원들의 인문학 역량 향상을 위하여 독서 캠페인을 진행하고 있다. 다음 〈표〉는 인사팀 사원 6명의 지난달 독서 현황을 보여주는 자료이다. 이 자료를 바탕으로 할 때, 〈보기〉의 설명 가운데 옳지 않은 것을 모두 고르면?

〈표〉 인사팀 사원별 독서 현황

구분＼사원	준호	영우	나현	준걸	주연	태호
성별	남	남	여	남	여	남
독서량(권)	0	2	6	4	8	10

〈보기〉
㉠ 인사팀 사원들의 평균 독서량은 5권이다.
㉡ 남자 사원인 동시에 독서량이 5권 이상인 사원수는 남자 사원수의 50% 이상이다.
㉢ 독서량이 2권 이상인 사원 가운데 남자 사원의 비율은 인사팀에서 여자 사원 비율의 2배이다.
㉣ 여자 사원이거나 독서량이 7권 이상인 사원수는 전체 인사팀 사원수의 50% 이상이다.

① ㉠, ㉡

② ㉠, ㉢

③ ㉠, ㉣

④ ㉡, ㉢

⑤ ㉡, ㉣

30. 다음은 '갑' 지역의 연도별 65세 기준 인구의 분포를 나타낸 자료이다. 이에 대한 올바른 해석은 어느 것인가?

구분	인구 수(명)		
	계	65세 미만	65세 이상
2018년	66,557	51,919	14,638
2019년	68,270	53,281	14,989
2020년	150,437	135,130	15,307
2021년	243,023	227,639	15,384
2022년	325,244	310,175	15,069
2023년	465,354	450,293	15,061
2024년	573,176	557,906	15,270
2025년	659,619	644,247	15,372

① 65세 미만 인구수는 조금씩 감소하였다.

② 2025년 인구수가 2018년에 비해 약 10배로 증가한 데에는 65세 미만 인구수의 영향이 크다.

③ 65세 이상 인구수는 매년 지속적으로 증가하였다.

④ 65세 이상 인구수는 매년 전체의 5% 이상이다.

⑤ 전년 대비 65세 이상 인구수가 가장 많이 변화한 3개 연도는 2019년, 2020년, 2024년이다.

31. 다음 표는 우리나라의 기대수명과 고혈압 및 당뇨 유병률, 비만율에 대한 표이다. 이에 대한 설명으로 옳은 것은?

(단위 : 세, %)

	2019	2020	2021	2022	2023	2024	2025
기대수명	79.6	80.1	80.5	80.8	81.2	81.4	81.9
고혈압 유병률	24.6	26.3	26.4	26.9	28.5	29	27.3
당뇨 유병률	9.6	9.7	9.6	9.7	9.8	9	11
비만율	31.7	30.7	31.3	30.9	31.4	32.4	31.8

① 고혈압 유병률과 당뇨 유병률은 해마다 증가하고 있다.

② 고혈압 유병률의 변동은 2023년에 가장 크게 나타났다.

③ 당뇨 유병률의 변동은 1% 이상 나타나지 않는다.

④ 비만율의 증감은 증가 또는 감소와 같이 일정한 방향성이 없다.

⑤ 기대수명은 해마다 0.5세 이상 변동이 나타난다.

32. A, B, C 직업을 가진 부모 세대 각각 200명, 300명, 400명을 대상으로 자녀도 동일 직업을 갖는지 여부를 물은 설문조사 결과가 다음과 같았다. 다음 조사 결과를 올바르게 해석한 설명을 〈보기〉에서 모두 고른 것은 어느 것인가?

〈세대 간의 직업 이전 비율〉

(단위 : %)

자녀 직업 부모 직업	A	B	C	기타
A	35	20	40	5
B	25	25	35	15
C	25	40	25	10

* 한 가구 내에서 부모의 직업은 따로 구분하지 않으며, 모든 자녀의 수는 부모 당 1명이라고 가정한다.

〈보기〉

㉮ 부모와 동일한 직업을 갖는 자녀의 수는 C직업이 A직업보다 많다.

㉯ 부모의 직업과 다른 직업을 갖는 자녀의 비중은 B와 C직업이 동일하다.

㉰ 응답자의 자녀 중 A직업을 가진 사람은 B직업을 가진 사람보나 너 많다.

㉱ 기타 직업을 가진 자녀의 수는 B직업을 가진 부모가 가장 많다.

① ㉯, ㉰, ㉱

② ㉮, ㉯, ㉱

③ ㉮, ㉰, ㉱

④ ㉮, ㉯, ㉰

⑤ ㉮, ㉯, ㉰, ㉱

33. 귀하는 중견기업 영업관리팀 사원으로 매출분석업무를 담당하고 있다. 아래와 같이 엑셀 워크시트로 서울에 있는 강북, 강남, 강서, 강동 등 4개 매장의 '수량'과 '상품코드'별 단가를 이용하여 금액을 산출하고 있다. 귀하가 다음 중 [D2] 셀에서 사용하고 있는 함수식으로 옳은 것은 무엇인가? (금액 = 수량 × 단가)

자료

	A	B	C	D
1	지역	상품코드	수량	금액
2	강북	AA-10	15	45,000
3	강남	BB-20	25	125,000
4	강서	AA-10	30	90,000
5	강동	CC-30	35	245,000
6				
7		상품코드	단가	
8		AA-10	3,000	
9		BB-20	7,000	
10		CC-30	5,000	
11				

① =C2*VLOOKUP(B2,$B$8:$C$10, 1, 1)

② =B2*HLOOKUP(C2,$B$8:$C$10, 2, 0)

③ =C2*VLOOKUP(B2,$B$8:$C$10, 2, 0)

④ =C2*HLOOKUP($B$8:$C$10, 2, B2)

⑤ =B2*HLOOKUP($B$8:$C$10, 2, 0)

34. 다음 워크시트에서처럼 주민등록번호가 입력되어 있을 때, 이 셀의 값을 이용하여 [C1] 셀에 성별을 '남' 또는 '여'로 표시하고자 한다. [C1] 셀에 입력해야 하는 수식은? (단, 주민등록번호의 8번째 글자가 1이면 남자, 2이면 여자이다)

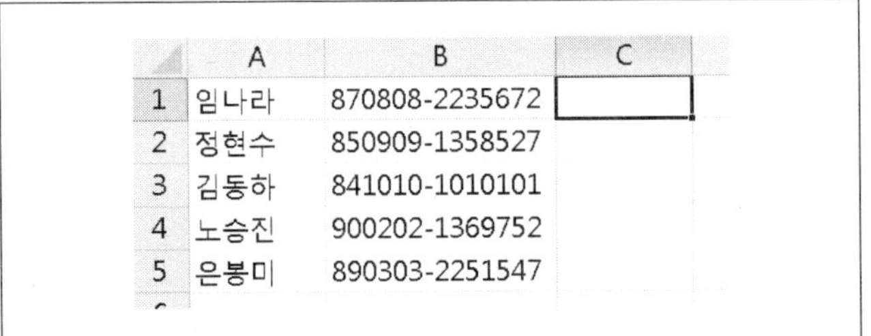

① =CHOOSE(MID(B1,8,1), "여", "남")

② =CHOOSE(MID(B1,8,2), "남", "여")

③ =CHOOSE(MID(B1,8,1), "남", "여")

④ =IF(RIGHT(B1,8)="1", "남", "여")

⑤ =IF(RIGHT(B1,8)="2", "남", "여")

35. 다음 워크시트에서 영업2부의 보험실적 합계를 구하고자 할 때, [G2] 셀에 입력할 수식으로 옳은 것은?

	A	B	C	D	E	F	G
1	성명	부서	성별	보험실적		부서	보험실적 합계
2	윤진주	영업1부	여	13		영업2부	
3	임성민	영업2부	남	12			
4	김옥순	영업1부	여	15			
5	김은지	영업3부	여	20			
6	최준오	영업2부	남	8			
7	윤한성	영업3부	남	9			
8	하은영	영업2부	여	11			
9	남영호	영업1부	남	17			

① =DSUM(A1:D9,3,F1:F2)

② =DSUM(A1:D9,"보험실적",F1:F2)

③ =DSUM(A1:D9,"보험실적",F1:F3)

④ =SUM(A1:D9,"보험실적",F1:F2)

⑤ =SUM(A1:D9,4,F1:F2)

❙36~37❙ 다음은 선택정렬에 관한 설명과 예시이다. 이를 보고 물음에 답하시오.

선택정렬(Selection sort)은 주어진 데이터 중 최솟값을 찾고 최솟값을 정렬되지 않은 데이터 중 맨 앞에 위치한 값과 교환한다. 교환은 두 개의 숫자가 서로 자리를 맞바꾸는 것을 말한다. 정렬된 데이터를 제외한 나머지 데이터를 같은 방법으로 교환하여 반복하면 정렬이 완료된다.

〈예시〉

68, 11, 3, 82, 7을 정렬하려고 한다.

• 1회전 (최솟값 3을 찾아 맨 앞에 위치한 68과 교환)

68	11	3	82	7

3	11	68	82	7

• 2회전 (정렬이 된 3을 제외한 데이터 중 최솟값 7을 찾아 11과 교환)

3	11	68	82	7

3	7	68	82	11

• 3회전 (정렬이 된 3, 7을 제외한 데이터 중 최솟값 11을 찾아 68과 교환)

3	7	68	82	11

3	7	11	82	68

• 4회전 (정렬이 된 3, 7, 11을 제외한 데이터 중 최솟값 68을 찾아 82와 교환)

3	7	11	82	68

3	7	11	68	82

36. 다음 수를 선택정렬을 이용하여 오름차순으로 정렬하려고
한다. 2회전의 결과는?

5, 3, 8, 1, 2

① 1, 2, 8, 5, 3

② 1, 2, 5, 3, 8

③ 1, 2, 3, 5, 8

④ 1, 2, 3, 8, 5

⑤ 1, 2, 8, 3, 5

37. 다음 수를 선택정렬을 이용하여 오름차순으로 정렬하려고
한다. 3회전의 결과는?

55, 11, 66, 77, 22

① 11, 22, 66, 55, 77

② 11, 55, 66, 77, 22

③ 11, 22, 66, 77, 55

④ 11, 22, 55, 77, 66

⑤ 11, 22, 55, 66, 77

38. 다음 시트처럼 한 셀에 두 줄 이상 입력하려는 경우 줄을
바꿀 때 사용하는 키는?

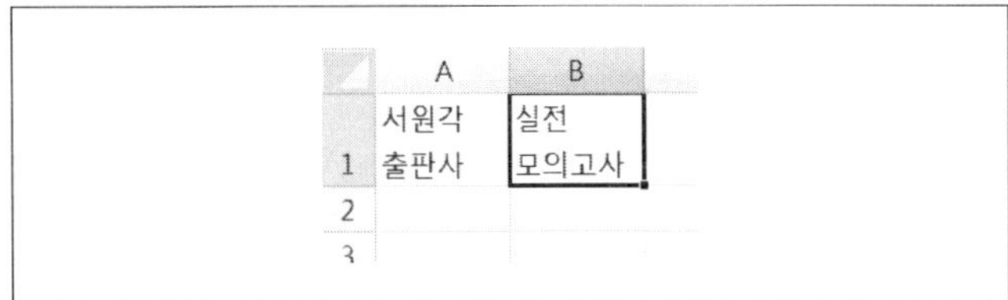

① 〈Shift〉+〈Ctrl〉+〈Enter〉

② 〈Alt〉+〈Enter〉

③ 〈Alt〉+〈Shift〉+〈Enter〉

④ 〈Shift〉+〈Enter〉

⑤ 〈Ctrl〉+〈Enter〉

39. 다음 ㉠~㉢의 설명에 맞는 용어가 순서대로 올바르게 짝지
어진 것은 어느 것인가?

㉠ 유통분야에서 일반적으로 물품관리를 위해 사용된 바코드
를 대체할 차세대 인식기술로 꼽히며, 판독 및 해독 기능
을 하는 판독기(reader)의 정보를 제공히는 테그(tag)로
구성된다.

㉡ 컴퓨터 관련 기술이 생활 구석구석에 스며들어 있음을 뜻
하는 '퍼베이시브 컴퓨팅(pervasive computing)'과 같은
개념이다.

㉢ 메신저 애플리케이션의 통화 기능 또는 별도의 데이터 통
화 애플리케이션을 설치하면 통신사의 이동통신망이 아니
더라도 와이파이(Wi-Fi)를 통해 단말기로 데이터 음성통
화를 할 수 있으며, 이동통신망의 음성을 쓰지 않기 때문
에 국외 통화 시 비용을 절감할 수 있다는 장점이 있다.

① RFID, 유비쿼터스, VoIP

② POS, 유비쿼터스, RFID

③ RFID, POS, 핫스팟

④ POS, VoIP, 핫스팟

⑤ RFID, VoIP, POS

40. 다음 중 아래 시트에서 'C6' 셀에 제시된 바와 같은 수식을 넣을 경우 나타나게 될 오류 메시지는 어느 것인가?

	A	B	C
1	직급	이름	수당(원)
2	과장	홍길동	750,000
3	대리	조길동	600,000
4	차장	이길동	830,000
5	사원	박길동	470,000
6	합계		=SUM(C2:C6)

① #NUM!　　　　　　② #VALUE!

③ #DIV/0!　　　　　 ④ 순환 참조 경고

⑤ #N/A

41. 다음은 무엇을 설명한 것인가?

> (　　　　　　)은/는 1960년대부터 급속히 세계적인 규모로 보급된 것으로서 수송·보관·통신 네트워크 등이 종합적인 시스템으로 작용해야 하며, 이러한 시스템을 어떻게 확립하느냐에 따라 유통경비가 크게 달라진다. 더불어 하역이나 또는 수송 등에 의해 발생하는 화물 손상의 감소로 인해 수송의 안전성이 향상되고, 고객과의 신뢰가 증진된다.

① 소매차륜이론

② ULS(Unit Load System)

③ 적시생산시스템

④ 공급사슬관리

⑤ Cross Docking

42. 다음 중 포드 시스템에 대한 설명으로 가장 거리가 먼 것은?

① 포드 시스템은 통상적으로 동시관리라고도 한다.

② 경영이념으로는 저임금 고가격의 원리를 지향하였다.

③ 포드의 3S에는 제품의 복잡화, 부품의 표준화, 작업의 전문화 등이 있다.

④ 생산의 표준화 및 이동조립법을 통해 실시한 생산시스템이다.

⑤ 포드 시스템에서는 계속생산의 능률적 행상 및 관리, 합리화 등에 중점을 두고 있다.

43. 다음 중 경로 커버리지의 한 형태인 집약적 유통에 관한 사항으로 가장 거리가 먼 것을 고르면?

① 시장의 범위를 확대시키는 전략이라고 할 수 있다.

② 이러한 유통형태에 대해 소비자들은 제품을 구매함에 있어 특별히 많은 노력을 기울이지 않는다.

③ 주로 편의품 (라면, 세제, 껌, 스타킹 등)이 이에 속한다고 할 수 있다.

④ 중간상 통제가 상당히 용이하다.

⑤ 편의성이 증가하는 경향이 강하다.

44. 다음은 프랜차이즈 시스템에 관한 설명이다. 이 중 가장 바르지 않은 것은?

① 통상적으로 상호, 특허 상표 등의 노하우를 지닌 자가 계약을 통해서 타인에게 상표의 사용권, 제품의 판매권, 기술 등을 제공하고 그 대가로 가맹금, 보증금, 로얄티 등을 받는 것을 프랜차이즈 시스템이라고 한다.

② 상호, 상표 등의 노하우를 가진 자를 프랜차이지 (Franchisee) 라고 하는데 본부, 본사라고 하며, 이들로부터 상호의 사용권, 제품의 판매권, 기술, 상권분석, 점포 디스플레이, 관계자훈련 및 교육지도 등을 제공받는 자를 프랜차이저(Franchisor)라고 하는데 보통 가맹점으로 표현된다.

③ 프랜차이저는 대량구매에 의한 규모의 경제달성이 가능하다.

④ 프랜차이지는 처음부터 소비자에 대한 신뢰도를 구축할 수 있다.

⑤ 프랜차이지는 스스로의 문제해결 및 경영개선의 노력을 등한시 할 수 있다.

45. 촉진믹스에 관한 내용 중 광고 (Advertising)에 대한 것으로 옳지 않은 것은?

① 비인적 매체를 통한 촉진방법이다.

② 매체에 대한 비용을 지불하는 방식이다.

③ 상대적으로 신뢰도가 높다.

④ 광고의 내용, 일정, 위치 등의 통제가 가능하다.

⑤ 라디오 광고, 신문광고, TV광고 등이 있다.

46. 오픈 프라이스에 대한 설명 중에서 바르지 않은 것은?

① 제조업체가 제품 겉포장에 권장 소비자가격을 표시하는 것을 금지하고, 유통업체가 최종 판매가격을 정해 표시하도록 한 제도이다.

② 국내에서는 1997년 화장품 가격에서 실시되었다.

③ 판매자 입장에시는 경쟁 판매자보다 판매가를 조금 비싸게 설정해서 판매마진을 올려 받는 것이 가능하다.

④ 제조업자 입장에서는 판매자 간의 경쟁으로 인한 가격 인하로 저렴하게 상품을 매입할 수 있다.

⑤ 판매자 입장에서는 제품의 매입 시에 권장 소비자가격에 대한 비율의 형태로 매입가격을 교섭할 수 없다.

47. 다음 중 가장 높은 커버리지를 획득할 수 있는 유통전략은 무엇인가?

① 집중적 유통전략
② 전속적 유통전략
③ 선택적 유통전략
④ 푸시전략
⑤ 보편적 유통전략

48. 다음 중 피터 드러커가 말한 지식근로자의 특징에 해당하지 않는 것은?

① 평생학습의 정신
② 풍부한 지적 재산
③ 투철한 기업가의 정신
④ 강한 창의성
⑤ 관료적 체제

49. 다음 중 조직문화의 중요성으로 보기 어려운 것은?

① 조직문화는 조직으로서의 독자성을 확립하게 해준다.
② 조직문화는 조직의 이익보다 더 큰 무엇에 대해 몰입을 유발하고 촉진한다.
③ 구성원에게 조직에의 일체감을 마련해 주고, 조직에 몰입하게 만든다.
④ 조직문화는 종업원들에게 조직이 기대하는 행동지침을 제공하고, 그 행동을 촉진한다.
⑤ 조직문화는 종업원들로 하여금 경영철학과 가치관에 투입할 수 있게 한다.

50. 다음 중 아웃소싱 전략에 관한 설명으로 가장 거리가 먼 것은?

① 아웃소싱 전략은 경비절약, 기업의 규모축소, 전문화 등이 목적이다.
② 아웃소싱 전략은 정보통신기술(ICT)의 발달 등과 같은 최근의 환경변화는 아웃소싱을 파트너십에 입각한 전략적 차원으로 전환시키고 있다.
③ 핵심사업 부문에 집중, 채용의 용이성, 수수료 부담의 감소, 이직률의 하락, 고객에 대한 높은 충성도 등의 이점이 있다.
④ 통상적으로 정보기술의 개발능력 부족 등으로 잘 정비된 외부업체의 네트워크를 활용하기 위해 아웃소싱을 하게 된다.
⑤ 근로자들의 고용불안과 근로조건의 악화라는 단점이 있다.

51. 다음 포트폴리오에 관한 내용으로 가장 바르지 않은 것은?

① 포트폴리오는 분산투자를 통해 투자에 대한 위험요소를 최소화시키는 둘 이상의 투자자산의 배합을 말한다.
② 단일 기간을 고려한다.
③ 자산수익률의 확률분포에 대하여 모든 투자자가 동의한다.
④ 자산수익률의 확률분포는 비정규분포이다.
⑤ 투자자들은 위험을 회피하는 경향이 있다.

52. 다음 중 호손실험에 관련한 내용으로 옳지 않은 것은?

① 미국의 호손공장에서 호손 실험을 실시한 것으로 메이요 교수가 중심이 되어 이루어졌다.

② 비공식적인 조직을 강조하였다.

③ 비민주적인 리더십을 강조하였다.

④ 의사소통의 경로개발이 중요시되었다.

⑤ 인간의 심리적·사회적 조건 등을 중요시하였다.

53. 다음 중 제품수명주기(Product Life Cycle)의 순서로 옳은 것은?

① Introduction Stage → Maturity Stage → Growth Stage → Decline Stage

② Introduction Stage → Growth Stage → Decline Stage , Maturity Stage

③ Introduction Stage → Maturity Stage → Decline Stage → Growth Stage

④ Introduction Stage → Growth Stage → Maturity Stage → Decline Stage

⑤ Introduction Stage → Decline Stage → Growth Stage → Maturity Stage

54. 다음은 독립수요품목에 대한 설명이다. 이 중 가장 바르지 않은 것은?

① 독립수요품목의 재고 품목은 제품, 서비스품, 수리용품 등이다.

② 수요의 발생원천은 소비자들의 주문, 예측 등이다.

③ 재고관리기법으로는 통계적 재주문점 방식이나 유통소요량 계획 등을 활용한다.

④ 수요시점의 계산이 불가능하다.

⑤ 독립수요품목의 용도는 주로 생산이다.

55. 재고관리에 대한 설명으로 옳지 않은 것은?

① 과다재고는 과소재고에 비해 대량발주로 주문비용을 절감할 수 있겠지만, 재고회전율이 저하되고 보관비용이 증가한다.

② 과소재고는 과나새고에 비해 재고수량관리 측면에서 용이해지지만 서비스율이 낮아진다는 위험이 있다.

③ 계절적인 원인으로 수요가 변동되거나 공급이 특정시기에 집중되는 상품의 경우 안정성을 유지하기
위한 재고의 저장이 필요하다.

④ 재고를 보유하고자 하는 이유 중의 하나는 규모의 경제를 추구할 수 있기 때문이다.

⑤ 재고관리의 목표는 재고유지비용의 절감보다는 고객서비스 향상에 중점을 두는 것이다.

56. 통상적으로 정부 및 공공단체와 주식회사 등이 일반인으로 부터 비교적 거액의 자금을 일시에 조달하기 위해 발행하게 되는 차용증서를 채권이라 한다. 다음 중 채권에 관련한 사항으로 보기 가장 어려운 것은?

① 원리금에 대한 상환기간이 발행시점으로부터 정해져 있는 일종의 기한부 증권이라 할 수 있다.

② 채권은 대부분이 단기증권의 성격을 지닌다.

③ 채권은 유통시장에서 현금화를 용이하게 할 수 있는 유동성이 높은 증권이다.

④ 동일한 채권이라 할지라도 만기까지의 기간에 따라 수익률이 달라지기도 한다.

⑤ 채권의 발행 시 상환금액 및 이자가 확정되어 있는 고정금리채권이 대부분이다.

57. 광고를 보면 현재 시중에 나와 있는 대다수의 화장품 광고는 화장품이 제공하게 되는 기본적 기능 및 브랜드보다는 아름다움을 노출하고 있고, 아파트 광고의 경우에도 브랜드보다는 소비자들을 향한 감성광고 쪽으로 여러 매체에 노출되고 있는데 이것은 P. Kotler교수가 말한 제품의 분류 중에서 어디에 속한다고 할 수 있나?

① 확장제품

② 선매품

③ 핵심제품

④ 전문품

⑤ 유형제품

58. 다음 중 델파이법(Delphi Method)에 대한 설명으로 바르지 않은 것은?

① 델파이법은 가능성 있는 미래기술개발 방향과 시기 등에 대한 정보를 취득하기 위한 방식이다.

② 델파이법은 생산예측의 방법 중에서 인과적 방법에 해당하는 방식이다.

③ 주로 집단의 의견들을 조정 및 통합하거나 개선시키기 위해 활용한다.

④ 델파이법은 회합 시에 발생하기 쉬운 심리적 편기의 배제가 가능하다.

⑤ 델파이법은 회답자들에 따른 가중치를 부여하기 어렵다는 단점이 있다.

59. 다음은 막스 베버의 관료제에 대한 설명이다. 이 중 가장 옳지 않은 것은?

① 과업에 기반한 체계적인 노동의 분화

② 불안정적이고 불명확한 권한계층

③ 문서로 이루어진 규칙 및 의사결정

④ 기술적 능력에 따른 승진을 기반으로 하는 구성원 개개인 평생의 경력관리

⑤ 표준화된 운용절차의 일관된 시스템

60. 다음 중 적절한 포장방법을 찾기 위해 운반수단, 유통기간, 조건, 환경 등을 충분히 고려하고 내용물은 무엇에 약한가, 수송 보관 도중 특별히 유의해야할 사항은 무엇인가 등을 체크해서 물품을 보호하도록 해야 하는 포장의 기능은?

① 보호성(Protective Function)

② 편리성(Convenient Function)

③ 환경 친화성(Environmentally-Friendly Function)

④ 상품성(Commercial Function)

⑤ 경제성(Economical Function)

61. 다음 중 프로젝트 조직에 관한 내용으로 가장 옳지 않은 것은?

① 기업 조직 내의 특정 사업 목표를 달성하기 위해 임시적으로 인적 및 물적 자원 등을 결합하는 조직 형태이다.

② 프로젝트 조직은 해산을 전제로 해서 임시로 편성된 일시적인 조직이다.

③ 혁신적이면서 비일상적인 과제를 해결을 위해 형성되는 정태적인 조직이다

④ 개발 요원의 활용에 있어 비효율성이 증가할 수 있다.

⑤ 프로젝트 자체가 시간적인 유한성의 성격을 지니고 있으므로 프로젝트 조직도 임시적이면서 잠정적이다.

62. 다음 CRM의 역할에 대한 내용으로 가장 부적절한 것은?

① 고객만족과 이익의 극대화를 꾀한다.

② 회사에 가장 도움이 되는 고객들을 식별해내며, 그들에게 최상의 서비스를 제공하는 등 고객들마다 선별적인 관계를 형성한다.

③ 명확한 목표를 가지고 최고 고객을 겨냥한 마케팅 캠페인을 추진할 수 있게 한다.

④ 소수의 직원들이 서로 간 최적화된 정보를 공유하고 기존의 처리절차를 극대화함으로써, 통신판매 · 회계 및 판매관리 등을 그대로 유지하기 위한 조직을 지원한다.

⑤ 판매 팀을 이끌기 위한 품질을 만들어내는 데 도움을 준다.

63. 다음은 위험(Risk)에 대한 내용들이다. 이 중 가장 옳지 않은 것을 고르면?

① 위험이라 미래에 발생 가능한 상황 및 객관적인 확률을 알고 있는 상태이다.

② 위험의 경우 기대수익률의 변동가능성을 의미하기도 한다.

③ 위험의 측정은 표준편차 혹은 통계학의 분산으로 측정한다.

④ 위험의 측정에서 표준편차 혹은 분산을 위험의 척도로 활용하기는 어렵다.

⑤ 위험의 측정에서는 수익률의 확률분포가 퍼질수록 더 위험하다고 할 수 있다.

64. 다음의 설명 중에서 가장 옳지 않은 것은?

① MM의 자본구조이론은 1958년 모딜리아니와 밀러가 자본
구조 무관계론을 발표하면서 본격적 발전을 시작하였다.

② 자본시장선은 무위험자산을 시장포트폴리오와 결합한 자
본배분선이다.

③ 콜 옵션은 특정 증권 또는 제품 등을 살 수 있는 권리를
의미한다.

④ 포트폴리오의 구성 목적은 분산투자를 통해 투자에 따르
는 리스크를 최대화시키는 데 있다.

⑤ 선물이 거래되는 공인 상설시장을 선물시장 또는 상품거
래소라고 한다.

65. 제품수명주기에 대한 설명 중 가장 옳지 않은 항목은?

① 쇠퇴기에 수확전략을 선택할 경우, 제품의 품질, 특성,
스타일 등의 수정을 통해 신규고객을 유인하거나 기존 고
객의 사용빈도를 높일 수 있다.

② 성숙기의 시장개발은 새로운 소비자를 찾거나 기존 소비
자들의 사용빈도를 증가시키거나 새로운 용도를 개발한
다.

③ 신상품 도입기의 마케팅 활동은 남들보다 앞서 상품체험
을 바라는 고객, 혁신지향적 및 의견 선도적인 고객들을
목표시장으로 하는 것이 보다 효과적이다.

④ 성장기의 가격전략은 저가격정책을 도입하거나 기존가격
을 유지한다.

⑤ 성장기에는 혁신소비자층과 조기수용자층 등의 호의적 구
전이 시장 확대에 매우 중요한 역할을 한다.

66. 다음 중 촉진관리과정을 순서대로 바르게 배열한 것은?

① 표적청중의 확인→메시지의 결정→목표의 설정→매체
의 선정→촉진예산의 설정→촉진믹스의 결정→촉진효
과의 측정

② 표적청중의 확인→매체의 선정→촉진예산의 설정→목
표의 설정→메시지의 결정→촉진믹스의 결정→촉진효
과의 측정

③ 표적청중의 확인→목표의 설정→메시지의 결정→매체의
선정→촉진예산의 설정→촉진믹스의 결정→촉진효과의
측정

④ 표적청중의 확인→촉진예산의 설정→촉진믹스의 결정→
목표의 설정→메시지의 결정→매체의 선정→촉진효과
의 측정

⑤ 표적청중의 확인→촉진믹스의 결정→촉진예산의 설정
→메시지의 결정→매체의 선정→촉진효과의 측정→목
표의 설정

67. 프레드릭 테일러(Frederick W. Taylor)가 주장한 과학적
관리법에 대한 설명으로 옳지 않은 것은?

① 20세기 초 과학기술이 발전하면서 효율적인 생산성을 향
상시켰지만 조직의 시스템은 발전하지 못하여 조직의 생
산방식을 바꾸려 시도하였다.

② 경제적 보상을 통해 동기부여 하면 생산성을 증가시킬 수
있다.

③ 가장 효율적으로 과업을 수행하는 시간을 계산하고, 표준
화시켜 지침서를 만들어 생산할 수 있도록 한다.

④ 자기성취를 추구하는 자주적인 인간을 기본으로 전제한다.

⑤ 테일러의 과업관리의 목표는 '높은 임금, 낮은 노무비의
원리'로 집약된다.

68. 노동조합이 사용주와 체결하는 노동협약에 있어 종업원의 자격 및 조합원 자격의 관계를 규정한 조항을 삽입하여 노동조합의 유지 및 발전을 도모하려는 제도를 숍 시스템이라고 하는데 아래의 내용은 어떠한 숍 제도를 의미하는가?

> 노동조합에 대한 가입 및 탈퇴에 대한 부분은 종업원들의 각자 자유에 맡기고, 사용자는 비조합원들도 자유롭게 채용할 수 있기 때문에, 조합원들의 사용자에 대한 교섭권은 약화되어진다.

① Union Shop
② Closed Shop
③ Preferential Shop
④ Maintenance Of — Membership Shop
⑤ Open Shop

69. 다음 중 관찰법에 대한 설명으로 가장 부적절한 것은?
① 장기간에 걸쳐서 발생하는 사건을 관찰하기 어렵다.
② 태도, 동기 등과 같은 심리적 현상도 관찰이 가능하다.
③. 일반적으로 객관성과 정확성이 높다.
④ 사적인 활동을 관찰하기 어렵다.
⑤ 자료를 준비하는 데 응답자의 협조 의도나 응답능력이 문제가 되지 않는다.

70. 다음 중 완전자본시장에 대한 설명으로 틀린 설명은?
① 거래비용이 많이 발생하게 된다.
② 동일한 정보를 투자자들이 가지게 된다.
③ 자본, 배당 및 이자소득에 대한 세금이 없다.
④ 자산의 공매에 있어 제약이 없다.
⑤ 자산을 쪼개어서 거래할 수 있다.

71. 다음 유통경로에 관한 일반적인 내용 중 옳지 않은 항목을 고르시오
① 유통경로는 어떠한 제품을 최종 구매자가 용이하게 구입할 수 있도록 만들어주는 과정에 참여하게 되는 모든 조직체나 또는 개인들을 말한다.
② 유통경로는 탄력적이면서 내부자원이다.
③ 기업은 제품의 특성, 소비자, 경쟁 환경 등을 종합적으로 고려해서 최적의 유통경로를 구축해야 한다.
④ 전체 제품 및 서비스 등은 생산자로부터 소비자에게로 유통하게 되는데 유통경로 (channels of distribution)를 경유해서 이동하게 된다.
⑤ 통상적으로 유통경로를 설계할 시에는 소비자들의 니즈를 분석하고 이를 기반으로 유통경로 설계의 목표를 설정한 후 유통경로 정책을 결정하고 관리하는 단계를 거친다.

72. 다음은 리더십의 특성을 설명한 것이다. 이 중 가장 옳지 않은 것을 고르면?
① 리더와 구성원간의 상호관계중심을 이룬다.
② 목표 및 미래지향적 관심과 비전을 제시할 수 있는 안목과 능력 소유하고 있다.
③ 리더는 공식적인 조직에 존재한다.
④ 리더의 유형은 비고정성이지만 상황에 따라 가변성 및 신축성을 보인다.
⑤ 리더는 조직의 일체성 강조한다.

73. 다음 중 동기부여의 중요성으로 보기 어려운 것은?

① 조직 구성원 개개인으로 하여금 과업수행에 대한 자신감 및 자긍심을 지니게 한다.

② 변화에 대한 구성원들의 저항을 줄이며, 자발적인 적응을 촉진하게 함으로서 조직의 변화를 용이하게 하는 추진력이 된다.

③ 개인의 동기부여는 경쟁우위 원천으로서의 사람의 중요성이 커지는 가운데 기업경쟁력 강화의 핵심 수단이 된다.

④ 개인의 자발적인 업무수행노력을 촉진해서 구성원들로 하여금 직무만족 및 생산성을 높이고 나아가 조직유효성을 제고시키게 된다.

⑤ 조직 구성원들이 소극적이면서 수동적으로 업무를 수행하게 함으로써 구성원들의 자아실현을 할 수 있는 기회를 부여한다.

74. 다음 중 무위험자산의 시장이 균형 상태에 이르게 되었을 때, 무위험자산 시장 전체의 순차입액 및 순대여액은 얼마인가?

① 1

② -1

③ 0

④ 2

⑤ -2

75. 다음 중 Vroom의 Expectancy Theory에 대한 설명으로 바르지 않은 것은?

① 기대-유의성이론이라고도 한다.

② 레윈과 톨만에 의해 처음 제시된 이론이다.

③ 기대란 목적달성을 위해 자신의 능력 및 가능성에 대해 자신이 가지고 있는 인지 정도를 의미한다.

④ 유의성이란 2차 산출물에 대한 개인의 선호도 또는 만족도를 의미한다.

⑤ 수단성이란 2차 산출물이 1차 산출물을 유도할 것이라는 신념의 정도를 의미한다.

76. Alderfer의 ERG 이론에 관한 내용 중 가장 바르지 않은 것을 고르면?

① 알더퍼는 70년대 초에 Maslow의 욕구 단계설을 수정해 인간의 욕구를 존재욕구(Existence needs), 관계욕구(Relatedness needs), 성장욕구(Growth needs)의 3단계로 구분한 ERG이론을 제시하였다.

② 존재욕구(Existence needs)는 인간존재의 유지에 있어 필요한 생리적 및 물질적인 욕구를 말한다.

③ 관계욕구(Relatedness needs)는 바람직한 인간관계에 대한 욕구로 매슬로우가 주장하는 애정 및 소속감의 욕구와 일부의 안정욕구 및 일부의 존경욕구 등이 이 범주에 해당된다.

④ 성장욕구(Growth needs)는 자기능력 개발 및 새로운 능력의 보유노력을 통해서 스스로의 지속적인 성장 및 발전 등을 추구하는 욕구로서 Maslow의 자기실현욕구와 일부의 존경욕구가 이에 해당한다.

⑤ ERG 이론은 욕구개념에 기반을 두고 있는 동기부여 이론으로 타당성에 대한 비판이 제기되어 신뢰하게 어렵다.

77. 다음 물류관리의 역할에 있어 그 성격이 나머지 넷과 다른 하나를 고르면?

① 지역경제의 균형 발전으로 인구의 지역적인 편중 억제

② 자재와 자원의 낭비를 방지하는 등 자원의 효율적인 이용에 기여

③ 제품의 품질을 유지하여 정시배송을 통해 소비자에게 질적으로 향상된 서비스를 제공

④ 산업 전반에 걸친 유통효율의 향상으로 물류비를 절감하여 기업의 체질개선과 소비자물가 및 도매물가의 상승 억제

⑤ 활발한 물류활동과 관련하여 개별 기업은 마케팅 분야에서 상품을 제조·판매하기 위한 원재료 구입과 제품판매에 관련된 물류의 제 업무를 총괄하는 물류관리에 중점을 둠

78. 다음 기사를 보고 기업에 취하고 있는 마케팅 전략은?

> 학생이 입으면 그 브랜드는 망하게 된다는 유명 인플루언서의 게시글이 SNS를 뜨겁게 달구고 있다. 명품브랜드 G사는 90년대 영국의 차브족의 패션아이템이 되면서 브랜드가치가 큰 폭으로 떨어졌음을 밝힌 적이 있다. 이에 따라 대중들에게 인기가 높아진 명품브랜드 G사는 SNS계정을 삭제하고 고객들과 거리두기를 시행하고 있다.

① 니치마케팅

② 넛지마케팅

③ 포지셔닝

④ 디마케팅

⑤ 세그멘테이션

79. 재무제표상 현금 및 현금성 자산에 대한 설명 중 옳지 않은 것은?

① 보통예금, 당좌예금 및 요구불예금은 현금에 포함된다.

② 타인발행 당좌수표 중 부도가 난 수표는 현금에 포함하지 않는다.

③ 우편환증서와 같이 현금으로 바로 지급받을 수 있는 증서는 현금에 포함된다.

④ 상환우선주는 부채와 같이 만기에 상환하는 주식으로 현금성자산에 포함되지 않는다.

⑤ 현금성자산은 가치변동이 없어야 하며, 큰 거래비용이 없이 현금으로 전환 가능하여야 하며 취득 당시 만기가 3개월 이내여야 한다.

80. 인적판매에 관한 사항으로 가장 옳지 않은 것은?

① 판매낭비의 최소화 및 실제 판매를 발생시킨다.

② 소비자들이 판매원에 대해 좋지 않은 이미지를 가지고 있다.

③ 낮은 비용을 발생시킨다.

④ 타 촉진수단에 비해서 개인적이다.

⑤ 직접적인 접촉을 통해 많은 양의 정보제공이 가능하다.

대구교통공사 필기시험 모의고사

성 명

수 험 번 호							
⓪	⓪	⓪	⓪	⓪	⓪	⓪	⓪
①	①	①	①	①	①	①	①
②	②	②	②	②	②	②	②
③	③	③	③	③	③	③	③
④	④	④	④	④	④	④	④
⑤	⑤	⑤	⑤	⑤	⑤	⑤	⑤
⑥	⑥	⑥	⑥	⑥	⑥	⑥	⑥
⑦	⑦	⑦	⑦	⑦	⑦	⑦	⑦
⑧	⑧	⑧	⑧	⑧	⑧	⑧	⑧
⑨	⑨	⑨	⑨	⑨	⑨	⑨	⑨

직업기초능력평가				경영학개론	
1 ① ② ③ ④ ⑤	21 ① ② ③ ④ ⑤	41 ① ② ③ ④ ⑤	61 ① ② ③ ④ ⑤
2 ① ② ③ ④ ⑤	22 ① ② ③ ④ ⑤	42 ① ② ③ ④ ⑤	62 ① ② ③ ④ ⑤
3 ① ② ③ ④ ⑤	23 ① ② ③ ④ ⑤	43 ① ② ③ ④ ⑤	63 ① ② ③ ④ ⑤
4 ① ② ③ ④ ⑤	24 ① ② ③ ④ ⑤	44 ① ② ③ ④ ⑤	64 ① ② ③ ④ ⑤
5 ① ② ③ ④ ⑤	25 ① ② ③ ④ ⑤	45 ① ② ③ ④ ⑤	65 ① ② ③ ④ ⑤
6 ① ② ③ ④ ⑤	26 ① ② ③ ④ ⑤	46 ① ② ③ ④ ⑤	66 ① ② ③ ④ ⑤
7 ① ② ③ ④ ⑤	27 ① ② ③ ④ ⑤	47 ① ② ③ ④ ⑤	67 ① ② ③ ④ ⑤
8 ① ② ③ ④ ⑤	28 ① ② ③ ④ ⑤	48 ① ② ③ ④ ⑤	68 ① ② ③ ④ ⑤
9 ① ② ③ ④ ⑤	29 ① ② ③ ④ ⑤	49 ① ② ③ ④ ⑤	69 ① ② ③ ④ ⑤
10 ① ② ③ ④ ⑤	30 ① ② ③ ④ ⑤	50 ① ② ③ ④ ⑤	70 ① ② ③ ④ ⑤
11 ① ② ③ ④ ⑤	31 ① ② ③ ④ ⑤	51 ① ② ③ ④ ⑤	71 ① ② ③ ④ ⑤
12 ① ② ③ ④ ⑤	32 ① ② ③ ④ ⑤	52 ① ② ③ ④ ⑤	72 ① ② ③ ④ ⑤
13 ① ② ③ ④ ⑤	33 ① ② ③ ④ ⑤	53 ① ② ③ ④ ⑤	73 ① ② ③ ④ ⑤
14 ① ② ③ ④ ⑤	34 ① ② ③ ④ ⑤	54 ① ② ③ ④ ⑤	74 ① ② ③ ④ ⑤
15 ① ② ③ ④ ⑤	35 ① ② ③ ④ ⑤	55 ① ② ③ ④ ⑤	75 ① ② ③ ④ ⑤
16 ① ② ③ ④ ⑤	36 ① ② ③ ④ ⑤	56 ① ② ③ ④ ⑤	76 ① ② ③ ④ ⑤
17 ① ② ③ ④ ⑤	37 ① ② ③ ④ ⑤	57 ① ② ③ ④ ⑤	77 ① ② ③ ④ ⑤
18 ① ② ③ ④ ⑤	38 ① ② ③ ④ ⑤	58 ① ② ③ ④ ⑤	78 ① ② ③ ④ ⑤
19 ① ② ③ ④ ⑤	39 ① ② ③ ④ ⑤	59 ① ② ③ ④ ⑤	79 ① ② ③ ④ ⑤
20 ① ② ③ ④ ⑤	40 ① ② ③ ④ ⑤	60 ① ② ③ ④ ⑤	80 ① ② ③ ④ ⑤

대구교통공사

경영학개론

제3회 모의고사

성명		생년월일	
문제 수(배점)	80문항	풀이시간	/ 80분
영역	직업기초능력평가, 전공과목(경영학개론)		
비고	객관식 5지선다형		

※ 유의사항

• 문제지 및 답안지의 해당란에 문제유형, 성명, 응시번호를 정확히 기재하세요.

• 모든 기재 및 표기사항은 "컴퓨터용 흑색 수성 사인펜"만 사용합니다.

• 예비 마킹은 중복 답안으로 판독될 수 있습니다.

✎ **직업기초능력평가(40문항)**

1. 밑줄 친 단어 중 우리말의 어문 규정에 따라 맞게 쓴 것은?

① <u>윗층</u>에 가 보니 전망이 정말 좋다.
② <u>뒷편</u>에 정말 오래된 감나무가 서 있다.
③ 그 일에 <u>익숙지</u> 못하면 그만 두자.
④ <u>생각컨대</u>, 그 대답은 옳지 않을 듯하다.
⑤ <u>윗어른</u>의 말씀은 잘 새겨들어야 한다.

2. 다음 중 띄어쓰기가 옳은 문장은?

① 같은 값이면 좀더 큰것을 달라고 해라.
② 나는 친구가 많기는 하지만 우리 집이 큰지 작은지를 아는 사람은 철수 뿐이다.
③ 진수는 마음 가는 대로 길을 떠났지만 집을 떠난지 열흘이 지나서는 갈 곳마저 없었다.
④ 경진은 애 쓴만큼 돈을 받고 싶었지만 주위에서는 그의 노력을 인정해 주지 않았다.
⑤ 대문밖에서 누군가 서성거리는 모습이 보였다.

3. 외래어 표기가 모두 옳은 것은?

① 뷔페 – 초콜렛 – 컬러
② 컨셉 – 서비스 – 윈도
③ 파이팅 – 악세사리 – 리더십
④ 플래카드 – 로봇 – 캐럴
⑤ 심포지움 – 마이크 – 이어폰

4. 다음 글의 중심 내용으로 가장 적절한 것을 고르시오.

행랑채가 퇴락하여 지탱할 수 없게끔 된 것이 세 칸이었다. 나는 마지못하여 이를 모두 수리하였다. 그런데 그중의 두 칸은 앞서 장마에 비가 샌 지가 오래되었으나, 나는 그것을 알면서도 이럴까 저럴까 망설이다가 손을 대지 못했던 것이고, 나머지 한 칸은 비를 한 번 맞고 샜던 것이라 서둘러 기와를 갈았던 것이다. 이번에 수리하려고 본즉 비가 샌 지 오래된 것은 그 서까래, 추녀, 기둥, 들보가 모두 썩어서 못 쓰게 되었던 까닭으로 수리비가 엄청나게 들었고, 한 번밖에 비를 맞지 않았던 한 칸의 재목들은 완전하여 다시 쓸 수 있었던 까닭으로 그 비용이 많이 들지 않았다.

나는 이에 느낀 것이 있었다. 사람의 몸에 있어서도 마찬가지라는 사실을. 잘못을 알고서도 바로 고치지 않으면 곧 그 자신이 나쁘게 되는 것이 마치 나무가 썩어서 못 쓰게 되는 것과 같으며, 잘못을 알고 고치기를 꺼리지 않으면 해(害)를 받지 않고 다시 착한 사람이 될 수 있으니, 저 집의 재목처럼 말끔하게 다시 쓸 수 있는 것이다. 뿐만 아니라 나라의 정치도 이와 같다. 백성을 좀먹는 무리들을 내버려두었다가는 백성들이 도탄에 빠지고 나라가 위태롭게 된다. 그런 연후에 급히 바로잡으려 하면 이미 썩어 버린 재목처럼 때는 늦은 것이다. 어찌 삼가지 않겠는가.

① 모든 일에 기초를 튼튼히 해야 한다.

② 청렴한 인재 선발을 통해 정치를 개혁해야 한다.

③ 잘못을 알게 되면 바로 고쳐 나가는 자세가 중요하다.

④ 훌륭한 위정자가 되기 위해서는 매사 삼가는 태도를 지녀
   야 한다.

⑤ 모든 일에는 순서가 있는 법이다.

5. 다음 괄호 안에 알맞은 접속사를 고르시오.

비자발적인 행위는 강제나 무지에서 비롯된 행위이다. (   )
자발적인 행위는 그것의 단초가 행위자 자신 안에 있다. 행
위자 자신 안에 행위의 단초가 있는 경우에는 행위를 할 것
인지 말 것인지가 행위자 자신에게 달려 있다.
욕망이나 분노에서 비롯된 행위들을 모두 비자발적이라고 할
수는 없다. 그것들이 모두 비자발적이라면 인간 아닌 동물
중 어떤 것도 자발적으로 행위를 하는 게 아닐 것이며, 아이
들조차 그럴 것이기 때문이다. 우리가 욕망하는 것들 중에는
마땅히 욕망해야 할 것이 있는데, 그러한 욕망에 따른 행위
는 비자발적이라고 할 수 없다. 실제로 우리는 어떤 것들에
대해서는 마땅히 화를 내야하며, 건강이나 배움과 같은 것은
마땅히 욕망해야 한다. 따라서 욕망이나 분노에서 비롯된 행
위를 모두 비자발적인 것으로 보아서는 안 된다.

① 반면에   ② 더욱이

③ 그래서   ④ 그럼에도 불구하고

⑤ 따라서

6. 다음 글을 읽고 독자의 반응으로 적절한 것은?

제15조
① 청약은 상대방에게 도달한 때에 효력이 발생한다.
② 청약은 철회될 수 없는 것이더라도, 철회의 의사표시가
   청약의 도달 전 또는 그와 동시에 상대방에게 도달하는
   경우에는 철회될 수 있다.
제16조 청약은 계약이 체결되기까지는 철회될 수 있지만, 상
   대방이 승낙의 통지를 발송하기 전에 철회의 의사표
   시가 상대방에게 도달되어야 한다. 다만 승낙기간의
   지정 또는 그 밖의 방법으로 청약이 철회될 수 없음
   이 청약에 표시되어 있는 경우에는 청약은 철회될 수
   없다.
제17조
① 청약에 대한 동의를 표시하는 상대방의 진술 또는 그 밖
   의 행위는 승낙이 된다. 침묵이나 부작위는 그 자체만으
   로 승낙이 되지 않는다.
② 청약에 대한 승낙은 동의의 의사표시가 청약자에게 도달
   하는 시점에 효력이 발생한다. 청약자가 지정한 기간 내
   에 동의의 의사표시가 도달하지 않으면 승낙의 효력이 발
   생하지 않는다.
제18조 계약은 청약에 대한 승낙의 효력이 발생한 시점에 성
   립된다.
제19조 청약, 승낙, 그 밖의 의사표시는 상대방에게 구두로
   통고된 때 또는 그 밖의 방법으로 상대방 본인, 상대
   방의 영업소나 우편주소에 전달된 때, 상대방이 영업
   소나 우편 주소를 가지지 아니한 경우에는 그의 상거
   소(常居所)에 전달된 때에 상대방에게 도달된다.

① 민우 : 계약은 청약에 대한 승낙의 효력이 발생할 때 성립
   되는구나.

② 정범 : 청약에 대한 부작위는 그 자체만으로 승낙이 될 수
   있어.

③ 우수 : 청약자가 지정한 기간 내에 동의의 의사표시가 도
   달하지 않으면 승낙의 효력은 발생해.

④ 인성 : 청약은 계약이 체결되기까지는 철회될 수 없어.

⑤ 현진 : 청약은 상대방에게 도달하지 않아도 그 자체로 효
   력이 발생해.

7. 다음 글을 읽고 알 수 있는 내용이 아닌 것은?

농업이 경제에서 차지하는 비중이 절대적이었던 청나라는 백성들로부터 토지세(土地稅)와 인두세(人頭稅)를 징수하였다. 토지세는 토지를 소유한 사람들에게 토지 면적을 기준으로 부과되었는데, 단위 면적당 토지세액은 지방마다 달랐다. 한편 인두세는 모든 성인 남자들에게 부과되었는데, 역시 지방마다 금액에 차이가 있었다. 특히 인두세를 징수하기 위해서 정부는 정기적인 인구조사를 통해서 성인 남자 인구의 변동을 정밀하게 추적해야 했다.

그러다가 1712년 중국의 황제는 태평성대가 계속되고 있음을 기념하기 위해서 전국에서 거두는 인두세의 총액을 고정시키고 앞으로 늘어나는 성인 남자 인구에 대해서는 인두세를 징수하지 않겠다는 법령을 반포하였다. 1712년의 법령 반포 이후 지방에서 조세를 징수하는 관료들은 고정된 인두세 총액을 토지세 총액에 병합함으로써 인두세를 토지세에 부가하는 형태로 징수하는 조세 개혁을 추진하기 시작했다. 즉 해당 지방의 인두세 총액을 토지 총면적으로 나누어서 얻은 값을 종래의 단위면적당 토지세액에 더하려 했던 것이다. 그런데 조세 개혁에 대한 반발 정도가 지방마다 달랐고, 반발정도가 클수록 조세 개혁은 더 느리게 진행되었다. 이때 각 지방의 개혁에 대한 반발정도는 단위면적당 토지세액의 증가율에 정비례 하였다.

① 1712년 중국의 황제는 전국에서 거두는 인두세의 총액을 고정시키고 늘어나는 성인 남자 인구에 대해서는 인두세를 징수하지 않겠다는 법령을 반포하였다.

② 조세 개혁에 대한 반발 정도가 지방마다 달랐고, 반발정도가 클수록 조세 개혁은 더 느리게 진행되었다.

③ 인두세는 모든 성인 남자들에게 부과되었는데, 지방마다 금액에 차이가 있었다.

④ 토지세는 토지를 소유한 사람들에게 부과되었는데, 토지세액은 지방마다 달랐다.

⑤ 1712년의 법령 반포 이후 관료들은 고정된 토지세 총액을 인두세 총액에 병합함으로써 토지세를 인두세에 부가하는 형태로 징수하는 조세 개혁을 추진하기 시작했다.

8. 다음 글의 제목으로 가장 적절한 것을 고르시오.

현재 하천수 사용료는 국가 및 지방하천에서 생활·공업·농업·환경개선·발전 등의 목적으로 하천수를 취수할 때 허가를 받고 사용료를 납부하도록 하고 있다. 또한 사용료 징수 주체를 과거에는 국가하천은 국가, 지방하천은 지자체에서 허가하던 것을 2008년부터 하천수 사용의 허가 체계를 국토교통부로 일원화하여 관리하고 있다.

이를 위하여 크게 두 가지, 즉 하천 점용료 및 사용료 징수의 강화 및 현실화와 친수구역개발에 따른 개발이익의 환수와 활용에 대하여 보다 구체적인 실현방안을 추진하여 안정적이고 합리적 물 관리 재원 조성 기반을 확보하여야 한다. 하천시설이나 점용 시설에 대한 국가 관리기능 강화와 이에 의거한 점·사용료 부과·징수 기능을 확대하여야 한다. 그리고 실질적인 편익을 기준으로 하는 점·사용료 부과 등을 추진하는 것이 주효할 것이다. 국가하천정비사업 등을 통하여 조성·정비된 각종 친수시설이나 공간 등에 대한 국가 관리 권한의 확대를 통해 하천 관리의 체계성·계획성을 제고하여 나가야 한다. 다음으로 친수 구역에 대한 개발이익을 환수하여 하천구역 및 친수관리구역의 통합적 관리·이용을 위한 재원으로의 활용을 추진할 필요가 있으며, 하천구역 정비·관리에 의한 편익을 향유하는 하천연접지역에서의 개발 행위에 대해 수익자 부담원칙을 적용할 필요가 있다. 국민생활 밀착 공간, 환경오염 민감 지역, 국토방재 공간이라는 다면적 특성을 지닌 하천연접지역의 체계적이고 계획적인 관리와 이를 위한 재원 마련이 하천관리의 핵심적인 이슈이기 때문이다.

① 하천수 사용자에 대한 이익 환수 강화

② 하천수 사용료 제도의 실효성 확보

③ 국가의 하천 관리 개선 방안 제시

④ 현실적인 하천수 요금체계로의 전환

⑤ 하천수 사용료 제도의 문제점

9. 다음의 사전 정보를 활용하여 제품 A, B, C 중 하나를 사려고 한다. 다음 중 생각할 수 없는 상황은?

- 성능이 좋을수록 가격이 비싸다.
- 성능이 떨어지는 두 종류의 제품 가격의 합은 성능이 가장 좋은 다른 하나의 제품 가격보다 낮다.
- B는 성능이 떨어지는 제품이다.

① A제품이 가장 저렴하다.

② A제품과 B제품의 가격이 같다.

③ A제품과 C제품은 성능이 같다.

④ A제품보다 성능이 좋은 제품도 있다.

⑤ A제품이 가장 비싸다.

10. 다음은 2023 ~ 2025년 A국 10대 수출품목의 수출액에 관한 내용이다. 제시된 표에 대한 〈보기〉의 설명 중 옳은 것만 모두 고른 것은?

〈표 1〉 A국 10대 수출품목의 수출액 비중과 품목별 세계수출 시장 점유율(금액기준)

(단위 : %)

구분 / 연도 / 품목	A국의 전체 수출액에서 차지하는 비중			품목별 세계수출시장에서 A국의 점유율		
	2023	2024	2025	2023	2024	2025
백색가전	13.0	12.0	11.0	2.0	2.5	3.0
TV	14.0	14.0	13.0	10.0	20.0	25.0
반도체	10.0	10.0	15.0	30.0	33.0	34.0
휴대폰	16.0	15.0	13.0	17.0	16.0	13.0
2,000cc 이하 승용차	8.0	7.0	8.0	2.0	2.0	2.3
2,000cc 초과 승용차	6.0	6.0	5.0	0.8	0.7	0.8
자동차용 배터리	3.0	4.0	6.0	5.0	6.0	7.0
선박	5.0	4.0	3.0	1.0	1.0	1.0
항공기	1.0	2.0	3.0	0.1	0.1	0.1
전자부품	7.0	8.0	9.0	2.0	1.8	1.7
계	83.0	82.0	86.0	–	–	–

※ A국의 전체 수출액은 매년 변동 없음

〈표 2〉 A국 백색가전의 세부 품목별 수출액 비중

(단위 : %)

연도 / 세부품목	2023	2024	2025
일반세탁기	13.0	10.0	8.0
드럼세탁기	18.0	18.0	18.0
일반냉장고	17.0	12.0	11.0
양문형 냉장고	22.0	26.0	28.0
에어컨	23.0	25.0	26.0
공기청정기	7.0	9.0	9.0
계	100.0	100.0	100.0

㉠ 2023년과 2025년 선박이 세계수출시장 규모는 같다.

㉡ 2024년과 2025년 A국의 전체 수출액에서 드럼세탁기가 차지하는 비중은 전년대비 매년 감소한다.

㉢ 2024년과 2025년 A국의 10대 수출품목 모두 품목별 세계수출시장에서 A국의 점유율은 전년대비 매년 증가한다.

㉣ 2025년 항공기 세계수출시장 규모는 A국 전체 수출액의 15배 이상이다.

① ㉠, ㉡　　　　　② ㉠, ㉢

③ ㉡, ㉢　　　　　④ ㉡, ㉣

⑤ ㉡, ㉢, ㉣

11. 다음 글을 근거로 판단할 때, 재산등록 의무자(A ~ E)의 재산등록 대상으로 옳은 것은?

재산등록 및 공개 제도는 재산등록 의무자가 본인, 배우자 및 직계존·비속의 재산을 주기적으로 등록·공개하도록 하는 제도이다. 이 제도는 재산등록 의무자의 재산 및 변동사항을 국민에게 투명하게 공개함으로써 부정이 개입될 소지를 사전에 차단하여 공직 사회의 윤리성을 높이기 위해 도입되었다.

- 재산등록 의무자 : 대통령, 국무총리, 국무의원, 지방자치단체장 등 국가 및 지방자치단체의 정무직 공무원, 4급 이상의 일반직·지방직 공무원 및 이에 상당하는 보수를 받는 별정직 공무원, 대통령령으로 정하는 외무공무원 등
- 등록대상 친족의 범위 : 본인, 배우자, 본인의 직계존·비속, 다만, 혼인한 직계비속인 여성, 외증조부모, 외조부모 및 외손자녀, 외증손자녀는 제외한다.
- 등록대상 재산 : 부동산에 관한 소유권·지상권 및 전세권, 자동차·건설기계·선박 및 항공기, 합명회사·합자회사 및 유한회사의 출자 지분, 소유자별 합계액 1천만 원 이상의 현금·예금·증권·채권·채무, 품목당 5백만 원 이상의 보석류, 소유자별 연간 1천만 원 이상의 소득이 있는 지식재산권

※ 직계존속 : 부모, 조부모, 증조부모 등 조상으로부터 자기에 이르기까지 직계로 하여 내려온 혈족

※ 직계비속 : 자녀, 손자, 증손 등 자기로부터 아래로 직계로 이어 내려가는 혈족

① 시청에 근무하는 4급 공무원 A의 동생이 소유한 아파트

② 시장 B의 결혼한 딸이 소유한 1,500만 원의 정기예금

③ 도지사 C의 아버지가 소유한 연간 600만 원의 소득이 있는 지식재산권

④ 정부부처 4급 공무원 상당의 보수를 받는 별정직 공무원 D의 아들이 소유한 승용차

⑤ 정부부처 4급 공무원 E의 이혼한 전처가 소유한 1,000만 원 상당의 다이아몬드

12. 다음 글을 근거로 판단할 때 옳은 것은?

○○리그는 10개의 경기장에서 진행되는데, 각 경기장은 서로 다른 도시에 있다. 또 이 10개 도시 중 5개는 대도시이고 5개는 중소도시이다. 매일 5개 경기장에서 각각 한 경기가 열리면 한 시즌 당 각 경기장에서 열리는 경기의 횟수는 10개 경기장 모두 동일하다.

대도시의 경기장은 최대수용인원이 3만 명이고, 중소도시의 경기장은 최대수용인원이 2만 명이다. 대도시 경기장의 경우는 매 경기 60%의 좌석 점유율을 나타내고 있는 반면 중소도시 경기장의 경우는 매 경기 70%의 좌석 점유율을 보이고 있다. 특정 경기장의 관중수는 그 경기장의 좌석 점유율에 최대수용인원을 곱하여 구한다.

① ○○리그의 1일 최대 관중수는 16만 명이다.

② 중소도시 경기장의 좌석 점유율이 10%p 늘어난다면 대도시 경기장 한 곳의 관중수보다 중소도시 경기장 한 곳의 관중수가 더 많아진다.

③ 내년 시즌부터 4개의 대도시와 6개의 중소도시에서 경기가 열린다면 ○○리그의 한 시즌 전체 누적 관중수는 올 시즌 대비 2.5% 줄어든다.

④ 대도시 경기장의 좌석 점유율이 중소도시 경기장과 같고 최대수용인원은 그대로라면, ○○리그의 1일 평균 관중수는 11만 명을 초과하게 된다.

⑤ 중소도시 경기장의 최대수용인원이 대도시 경기장과 같고 좌석 점유율은 그대로라면, ○○리그의 1일 평균 관중수는 11만 명을 초과하게 된다.

13. 다음 연차수당 지급규정과 연차사용 내역을 참고로 할 때, 현재 지급받을 수 있는 연차수당의 금액이 같은 두 사람은 누구인가? (단, 일 통상임금=월 급여 ÷ 200시간 × 8시간, 만 원 미만 버림 처리한다)

제60조(연차 유급휴가)
① 사용자는 1년간 80퍼센트 이상 출근한 근로자에게 15일의 유급휴가를 주어야 한다.
② 사용자는 계속하여 근로한 기간이 1년 미만인 근로자 또는 1년간 80퍼센트 미만 출근한 근로자에게 1개월 개근 시 1일의 유급휴가를 주어야 한다.
③ 사용자는 근로자의 최초 1년간의 근로에 대하여 유급휴가를 주는 경우에는 제2항에 따른 휴가를 포함하여 15일로 하고, 근로자가 제2항에 따른 휴가를 이미 사용한 경우에는 그 사용한 휴가 일수를 15일에서 뺀다.
④ 사용자는 3년 이상 계속하여 근로한 근로자에게는 제1항에 따른 휴가에 최초 1년을 초과하는 계속 근로 연수 매 2년에 대하여 1일을 가산한 유급휴가를 주어야 한다. 이 경우 가산휴가를 포함한 총 휴가 일수는 25일을 한도로 한다.
⑤ 사용자는 제1항부터 제4항까지의 규정에 따른 휴가를 근로자가 청구한 시기에 주어야 하고, 그 기간에 대하여는 취업규칙 등에서 정하는 통상임금 또는 평균임금을 지급하여야 한다. 다만, 근로자가 청구한 시기에 휴가를 주는 것이 사업 운영에 막대한 지장이 있는 경우에는 그 시기를 변경할 수 있다.
⑥ 제1항부터 제3항까지의 규정을 적용하는 경우 다음 각 호의 어느 하나에 해당하는 기간은 출근한 것으로 본다.
　1. 근로자가 업무상의 부상 또는 질병으로 휴업한 기간
　2. 임신 중의 여성이 제74조제1항부터 제3항까지의 규정에 따른 휴가로 휴업한 기간
⑦ 제1항부터 제4항까지의 규정에 따른 휴가는 1년간 행사하지 아니하면 소멸된다. 다만, 사용자의 귀책사유로 사용하지 못한 경우에는 그러하지 아니하다.

직원	근속년수	월 급여(만 원)	연차사용일수
김 부장	23년	500	19일
정 차장	14년	420	7일
곽 과장	7년	350	14일
남 대리	3년	300	5일
임 사원	2년	270	3일

① 김 부장, 임 사원
② 정 차장, 곽 과장
③ 곽 과장, 남 대리
④ 김 부장, 남 대리
⑤ 정 차장, 남 대리

14. 다음에 제시된 명제들이 모두 참일 경우, 이 조건들에 따라 내릴 수 있는 결론으로 적절한 것은?

a. 인사팀을 좋아하지 않는 사람은 생산팀을 좋아한다.
b. 기술팀을 좋아하지 않는 사람은 홍보팀을 좋아하지 않는다.
c. 인사팀을 좋아하는 사람은 비서실을 좋아하지 않는다.
d. 비서실을 좋아하지 않는 사람은 홍보팀을 좋아한다.

① 홍보팀을 싫어하는 사람은 인사팀을 좋아한다.
② 비서실을 싫어하는 사람은 생산팀도 싫어한다.
③ 기술팀을 싫어하는 사람은 생산팀도 싫어한다.
④ 생산팀을 좋아하는 사람은 기술팀을 싫어한다.
⑤ 생산팀을 좋아하지 않는 사람은 기술팀을 좋아한다.

15. A, B, C, D, E 다섯 명의 기사가 점심 식사 후 철로 보수 작업을 하러 가야 한다. 다음의 조건을 모두 만족할 경우, 항상 거짓인 것은?

• B는 C보다 먼저 작업을 하러 나갔다.
• A와 B 두 사람이 동시에 가장 먼저 작업을 하러 나갔다.
• E보다 늦게 작업을 하러 나간 사람이 있다.
• D와 동시에 작업을 하러 나간 사람은 없었다.

① E는 D보다 먼저 작업을 하러 나가게 되었다.
② C와 D 중, C가 먼저 작업을 하러 나가게 되었다.
③ B가 D보다 늦게 작업을 하러 나가게 되는 경우는 없다.
④ A는 C나 D보다 먼저 작업을 하러 나가게 되었다.
⑤ E가 C보다 먼저 작업을 하러 나가게 되는 경우는 없다.

16. M사의 총무팀에서는 A 부장, B 차장, C 과장, D 대리, E 대리, F 사원이 각각 매 주말마다 한 명씩 사회봉사활동에 참여하기로 하였다. 이들이 다음에 따라 사회봉사활동에 참여할 경우, 두 번째 주말에 참여할 수 있는 사람으로 짝지어진 것은?

1. B 차장은 A 부장보다 먼저 봉사활동에 참여한다.
2. C 과장은 D 대리보다 먼저 봉사활동에 참여한다.
3. B 차장은 첫 번째 주 또는 세 번째 주에 봉사활동에 참여한다.
4. E 대리는 C 과장보다 먼저 봉사활동에 참여하며, E 대리와 C 과장이 참여하는 주말 사이에는 두 번의 주말이 있다.

① A 부장, B 차장
② D 대리, E 대리
③ E 대리, F 사원
④ B 차장, C 과장, D 대리
⑤ E 대리

17. 다음의 내용은 놀이시설 서비스 기업에서 서비스 향상을 통한 고객만족이라는 결과를 도출해내기 위해 5개 서비스 팀의 팀장들이 모여 모니터링을 하며 분석하고 있다. 이 중 해당 사례에서 다루고 있는 고객에 대한 내용을 정확하게 분석하고 있는 팀장은 누구인가?

〈사례〉

놀이시설을 이용함에 있어 아이들의 신장제한에 대해 단체로 부모와 동반해서 방문하는 아이들이 다른 친구들은 다 놀이시설 이용을 하는데, 내 자녀의 경우에만 키가 작은 관계로 놀이시설을 활용하지 못하게 될 시에 이런 아이들의 신장제한 및 이용권 등에 대한 환불을 요청하게 되는 경우가 많다. 특히 자신의 자녀가 신장이 미달되어 즐겁게 놀이시설을 이용하지 못하게 되는 경우에 해당 부모와 자녀는 깊은 상실감에 빠지며 자녀의 경우에는 스스로의 작은 신장에 대해 억울해하며 다른 자녀들이 즐겁게 즐기는 놀이시설을 내 자녀만 이용하지 못한다는 생각에 그에 대한 화풀이로서 사소한 이유를 갖다 붙이면서 컴플레인을 제기한다. 그런 경우 일선의 직원들은 해당 부모의 마음을 이해하고 이에 대한 공감을 나타내며 상실감에 빠진 부모 및 아이들의 기분을 풀어주고 조언을 한다. 이러한 경우의 고객은 고객 자신의 말을 끝까지 경청하게 되면 어느 정도의 화를 누르게 되며 이성적으로 돌아와서 오히려 해당 컴플레인은 빨리 종료할 수 있게 된다. 하지만 주의할 점은 고객의 말을 가로막거나 회사의 규정을 운운하게 되면 오히려 고객의 화를 부추기며 동시에 회사의 이미지도 실추할 우려가 생기게 되는 것이다.

① 유리 : 스스로가 주어진 상황에 대한 의사결정을 하지 못하고 누군가가 해결해 주기만을 바라며 주변만 빙빙 돌면서 요점을 명확하게 말하지 않는 고객이지
② 연철 : 이런 고객들은 대체로 상대에 대해 무조건적으로 비꼬거나 빈정거림으로 인해 허영심이 강하고 꼬투리만을 잡아 작은 문제에 집착하는 고객이지
③ 선아 : 상당히 사교적인 고객이며, 타인이 자신을 좋아해주기를 바라는 욕구가 마음 깊이 내재화된 고객이라 할 수 있어.
④ 지혜 : 이런 고객의 경우에 자신의 방법만이 최선이라 생각하고 타인의 피드백은 받아들이려 하지 않으며 오히려 자신의 주장만을 관철시키기 위해 거만하며 도발적인 상황을 만드는 고객이지
⑤ 원모 : 이것저것 무조건적으로 캐묻고 고개를 갸우뚱거리는 의심이 많은 고객으로 애써서 해당 고객에게 비위를 맞추어주지 않아도 되는 고객이라 할 수 있어

18. 다음의 2가지 상황을 보고 유추 가능한 내용으로 보기 가
장 어려운 것을 고르면?

(상황1)
회계팀 신입사원인 현진이는 맞선임인 수정에게 회계의 기초
를 교육 및 훈련받고 있는 상황이다. 이렇듯 현진이의 입장
에서는 인내심 있고 성의 있는 선임을 만나는 것이 신입사원
인 현진이에게는 중요한 포인트가 된다.
수정 : 여기다 넣어야지. 더하고 더해서 여기에 넣는 거지. 그
　　　래, 안 그래?

(상황2)
회사에서 선후배관계인 성수와 지현이는 내기바둑을 두고 있
다. 선임인 성수와 후임인 지현이는 1시간째 승부를 가르지
못하는 있었는데, 마침 바둑을 두다 중간중간 졸고 있는 후
임인 지현이에게 성수가 말을 하는 상황이다.
성수 : 게으름, 나태, 권태, 짜증, 우울, 분노 모두 체력이 버
　　　티지 못해 정신이 몸의 지배를 받아 나타나는 증상이야
지현 : …
성수 : 네가 후반에 종종 무너지는 이유, 데미지를 입은 후 회
　　　복이 더딘 이유, 실수한 후 복구기가 더딘 이유는 모두
　　　체력의 한계 때문이야
지현 : …
성수 : 체력이 약하면 빨리 편안함을 찾기 마련이고, 그러다
　　　보면 인내심이 떨어지고 그 피로감을 견디지 못하게
　　　되면 승부 따위는 상관없는 지경에 이르지
지현 : 아, 그렇군요
성수 : 이기고 싶다면 충분한 고민을 버텨줄 몸을 먼저 만들
　　　어. 네가 이루고 싶은 게 있거든 체력을 먼저 길러라
지현 : 네 선배님 감사합니다.

---

① 부하직원의 능력을 향상시키는 것을 책임지는 교육이어야
　　한다는 생각으로부터 출발한 방식이다.
② 작업현장에서 상사가 부하 직원에게 업무 상 필요로 하는
　　능력 등을 중점적으로 지도 및 육성한다.
③ 조직의 필요에 합치되는 교육이 가능하다.
④ 직무 중에 이루어지는 교육훈련을 말하는 것으로 구성원
　　들은 구체적 업무목표의 달성이 가능하다.
⑤ 지도자 및 교육자 사이의 친밀감을 형성하기에 용이하지
　　않다.

19. 다음 두 사례를 읽고 하나가 가지고 있는 임파워먼트의 장
애요인으로 옳은 것은?

〈사례1〉
○○그룹에 다니는 민대리는 이번에 새로 입사한 신입직원
하나에게 최근 3년 동안의 매출 실적을 정리해서 올려달라고
부탁하였다. 더불어 기존 거래처에 대한 DB를 새로 업데이트
하고 회계팀으로부터 전달받은 통계자료를 토대로 새로운 마
케팅 보고서를 작성하라고 지시하였다. 하지만 하나는 일에
대한 열의는 전혀 없이 그저 맹목적으로 지시받은 업무만 수
행하였다. 민대리는 그녀가 왜 업무에 열의를 보이지 않는지,
새로운 마케팅 사업에 대한 아이디어를 내놓지 못하는지 의
아해 했다.

〈사례2〉
□□기업에 다니는 박대리는 이번에 새로 입사한 신입직원
희진에게 최근 3년 동안의 매출 실적을 정리해서 올려달라고
부탁하였다. 더불어 기존 거래처에 대한 DB를 새로 업데이트
하고 회계팀으로부터 전달받은 통계자료를 토대로 새로운 마
케팅 보고서를 작성하라고 지시하였다. 희진은 지시받은 업
무를 확실하게 수행했지만 일에 대한 열의는 전혀 없었다.
이에 박대리는 그녀와 함께 실적자료와 통계자료들을 살피며
앞으로의 판매 향상에 도움이 될 만한 새로운 아이디어를 생
각하여 마케팅 계획을 세우도록 조언하였다. 그제야 희진은
자신에게 주어진 프로젝트에 대해 막중한 책임감을 느끼고
자신의 판단에 따라 효과적인 해결책을 만들었다.

---

① 책임감 부족
② 갈등처리 능력 부족
③ 경험 부족
④ 제한된 정책과 절차
⑤ 집중력 부족

20. 고객서비스 팀의 과장인 A는 아침부터 제품에 대한 문의를 해오는 여러 유형의 고객들에게 전화로 설명하고 있다. 하지만 모든 고객이 동일하지는 않다는 것을 전화업무를 통해 항상 느끼는 A는 그 동안의 전화업무를 통해 고객의 유형 및 이에 대한 특징을 구체화시키게 되었다. 다음 중 A가 파악한 고객의 유형 및 그 특징의 연결로 가장 바르지 않은 것을 고르면?

① 전문가형 고객 – 자신을 과시하는 스타일의 고객으로 자신이 모든 것을 다 알고 있는 전문가처럼 행동하는 경향이 짙다.

② 호의적인 고객 – 사교적, 협조적이고 합리적이면서 진지한 반면에 자신이 하고 싶지 않거나 할 수 없는 일에도 약속을 해서 상대방을 실망시키는 경우도 있다.

③ 저돌적인 고객 – 상황을 처리하는데 있어 단지 자신이 생각한 한 가지 방법 밖에 없다고 믿도록 타인으로부터의 피드백을 받아들이려 하지 않는 경향이 강하다.

④ 우유부단한 고객 – 타인이 자신을 위해 의사결정을 내려주기를 기다리는 경향이 있다.

⑤ 빈정거리는 고객 – 자아가 강하면서 끈질긴 성격을 가진 사람이다.

21. 다음 대인매력 요인의 연결이 바르지 않은 항목을 고르면?

① 매력성 – 매력적인 사람들을 더 좋아하는 경향이 있는 것

② 상호성 – 사람들은 자신을 좋아하는 사람에게 호감을 가지게 되고 서로 호의적인 감정이 이루어지는 것

③ 근접성 – 지리적 또는 공간적으로 가까운 사람에게 매력을 느끼는 것을 말하는 것

④ 친숙성 – 자주 접할수록 좋아지게 되는 경향이 있는 것

⑤ 상보성 – 자기 자신을 좋아하는 사람에게 호혜적으로 매력을 느끼는 경향이 있는 것

22. 대인관계능력을 구성하는 하위능력 중 현재 동신과 명섭의 팀에게 가장 필요한 능력은 무엇인가?

올해 E그룹에 입사하여 같은 팀에서 근무하게 된 동신과 명섭은 다른 팀에 있는 입사동기들과 외딴 섬으로 신입사원 워크숍을 가게 되었다. 그 곳에서 각 팀별로 1박 2일 동안 스스로 의·식·주를 해결하며 주어진 과제를 수행하는 임무가 주어졌는데 동신은 부지런히 섬 이 곳 저 곳을 다니며 먹을 것을 구해오고 숙박할 장소를 마련하는 등 솔선수범 하였지만 명섭은 단지 섬을 돌아다니며 경치 구경만 하고 사진 찍기에 여념이 없었다. 그리고 과제수행에 있어서도 동신은 적극적으로 임한 반면 명섭은 소극적인 자세를 취해 그 결과 동신과 명섭의 팀만 과제를 수행하지 못했고 결국 인사상의 불이익을 당하게 되었다.

① 리더십능력   ② 팀워크능력

③ 협상능력   ④ 고객서비스능력

⑤ 소통능력

23. 다음 대화를 보고 이 과장의 말이 협상의 5단계 중 어느 단계에 해당하는지 고르면?

김 실장 : 이 과장, 출장 다녀오느라 고생했네.

이 과장 : 아닙니다. KTX 덕분에 금방 다녀왔습니다.

김 실장 : 그래, 다행이군. 오늘 협상은 잘 진행되었나?

이 과장 : 그게 말입니다. 실장님. 오늘 협상을 진행하다가 새로운 사실을 알게 되었습니다. 민원인측이 지금껏 주장했던 고가차도 건립계획 철회는 표면적 요구사항이었던 것 같습니다. 오늘 장시간 상대방 측 대표들과 이야기를 나누면서 고가차고 건립자체보다 그로 인한 초등학교 예정부지의 이전, 공사 및 도로 소음 발생, 그리고 녹지 감소가 실질적 불만이라는 걸 알게 되었습니다. 고가차도 건립을 계획대로 추진하면서 초등학교의 건립 예정지를 현행 유지하고, 3중 방음시설 설치, 아파트 주변 녹지 조성 계획을 제시하면 충분히 협상을 진척시킬 수 있을 것 같습니다.

① 협상시작단계   ② 상호이해단계

③ 실질이해단계   ④ 해결대안단계

⑤ 합의문서단계

24. 다음은 고객 불만 처리 프로세스이다. 빈칸에 들어갈 내용을 순서대로 나열한 것은?

경청 → 감사와 공감표시 → (　　) → 해결약속 → (　　) → 신속처리 → 처리확인과 사과 → (　　)

① 정보파악, 사과, 피드백

② 정보파악, 피드백, 사과

③ 사과, 정보파악, 피드백

④ 사과, 피드백, 정보파악

⑤ 사과, 조사, 계획

|25-27| 다음에 나열된 숫자의 규칙을 찾아 빈칸에 들어가기 적절한 수를 고르시오.

25.

$$\frac{1}{2} \quad \frac{1}{3} \quad \frac{2}{6} \quad \frac{3}{18} \quad (\quad) \quad \frac{8}{1944} \quad \frac{13}{209952}$$

① $\frac{8}{83}$

② $\frac{6}{91}$

③ $\frac{5}{108}$

④ $\frac{4}{117}$

⑤ $\frac{9}{251}$

26.

93　96　102　104　108　(　)

① 114

② 116

③ 118

④ 120

⑤ 122

27.

27　43　106　　12　35　74　　51　91　34
60　81　24　　22　12　(　)

① 34

② 38

③ 43

④ 48

⑤ 53

28. 지난 주 S사의 신입사원 채용이 완료되었다. 신입사원 120명이 새롭게 채용되었고, 지원자의 남녀 성비는 5:4, 합격자의 남녀 성비는 7:5, 불합격자의 남녀 성비는 1:1이었다. 신입사원 채용 지원자의 총 수는 몇 명인가?

① 175명

② 180명

③ 185명

④ 190명

⑤ 195명

29. 다음 자료를 통해 알 수 있는 사항을 올바르게 설명하지 못한 것은 어느 것인가?

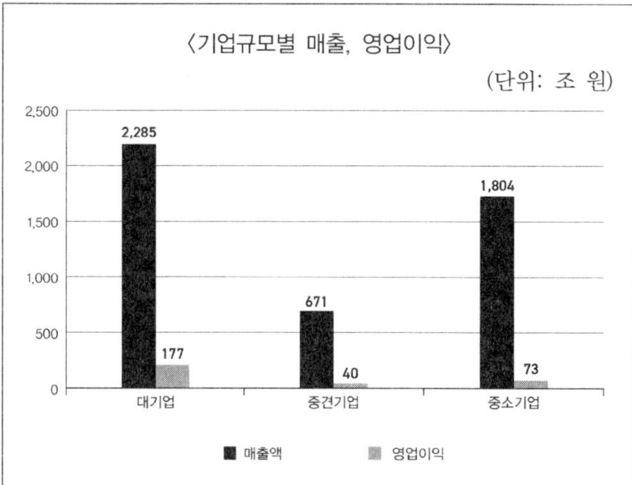

〈기업 및 종사자 현황〉

(단위: 개, 만 명)

	대기업	중견기업	중소기업
기업 수	2,191(0.3%)	3,969(0.6%)	660,003(99.1%)
종사자 수	204.7(20.4%)	125.2(12.5%)	675.3(67.1%)

① 1개 기업당 매출액과 영업이익 실적은 대기업에 속한 기업이 가장 우수하다.

② 기업군 전체의 매출액 대비 영업이익은 대기업, 중견기업, 중소기업 순으로 높다.

③ 1개 기업 당 종사자 수는 대기업이 중견기업의 3배에 육박한다.

④ 전체 기업 수의 약 1%에 해당하는 기업이 전체 영업이익의 70% 이상을 차지한다고 할 수 있다.

⑤ 전체 기업 수의 약 99%에 해당하는 기업이 전체 매출액의 40% 이상을 차지한다고 할 수 있다.

30. 표준 업무시간이 80시간인 업무를 각 부서에 할당해 본 결과, 다음과 같은 표를 얻었다. 어느 부서의 업무효율이 가장 높은가?

부서명	투입인원(명)	개인별 업무시간(시간)	회의	
			횟수(회)	소요시간 (시간/회)
A	2	41	3	1
B	3	30	2	2
C	4	22	1	4
D	3	27	2	1

※ 1) 업무효율 $= \dfrac{\text{표준 업무시간}}{\text{총 투입시간}}$

2) 총 투입시간은 개인별 투입시간의 합임.

개인별 투입시간 = 개인별 업무시간 + 회의 소요시간

3) 부서원은 업무를 분담하여 동시에 수행할 수 있음.

4) 투입된 인원의 업무능력과 인원당 소요시간이 동일하다고 가정함.

① A   ② B

③ C   ④ D

⑤ 모두 같음

 다음 표는 법령에 근거한 신고자 보상금 지급기준과 신고자별 보상대상가액 사례이다. 물음에 답하시오.

〈표 1〉 신고자 보상금 지급기준

보상대상가액	지급기준
1억 원 이하	보상대상가액의 10 %
1억 원 초과 5억 원 이하	1천만 원 + 1억 원 초과금액의 7 %
5억 원 초과 20억 원 이하	3천8백만 원 + 5억 원 초과금액의 5 %
20억 원 초과 40억 원 이하	1억1천3백만 원 + 20억 원 초과금액의 3 %
40억 원 초과	1억7천3백만 원 + 40억 원 초과금액의 2 %

※ 보상금 지급은 보상대상가액의 총액을 기준으로 함
※ 공직자가 자기 직무와 관련하여 신고한 경우에는 보상금의 100분의 50 범위 안에서 감액할 수 있음

〈표 2〉 신고자별 보상대상가액 사례

신고자	공직자 여부	보상대상가액
A	예	8억 원
B	예	21억 원
C	예	4억 원
D	아니요	6억 원
E	아니요	2억 원

31. 다음 설명 중 옳은 것을 모두 고르면?

> ㉠ A가 받을 수 있는 최대보상금액은 E가 받을 수 있는 최대보상금액의 3배 이상이다.
> ㉡ B가 받을 수 있는 최대보상금액과 최소보상금액의 차이는 6,000만 원 이상이다.
> ㉢ C가 받을 수 있는 보상금액이 5명의 신고자 가운데 가장 적을 수 있다.
> ㉣ B가 받을 수 있는 최대보상금액은 다른 4명의 신고자가 받을 수 있는 최소보상금액의 합계보다 적다.

① ㉠, ㉡ 　　　　② ㉠, ㉢
③ ㉠, ㉣ 　　　　④ ㉡, ㉢
⑤ ㉡, ㉣

32. 올해부터 공직자 감면액을 30%로 인하한다고 할 때 B의 최소보상금액은 기존과 비교하여 얼마나 증가하는가?

① 2,218만 원 　　　　② 2,220만 원
③ 2,320만 원 　　　　④ 2,325만 원
⑤ 2,400만 원

33. 엑셀 사용 시 발견할 수 있는 다음과 같은 오류 메시지 중 설명이 올바르지 않은 것은 어느 것인가?

① #DIV/0! – 수식에서 어떤 값을 0으로 나누었을 때 표시되는 오류 메시지
② #N/A – 함수나 수식에 사용할 수 없는 데이터를 사용했을 경우 발생하는 오류 메시지
③ #NULL! – 잘못된 인수나 피연산자를 사용했을 경우 발생하는 오류 메시지
④ #NUM! – 수식이나 함수에 잘못된 숫자 값이 포함되어 있을 경우 발생하는 오류 메시지
⑤ #REF! – 셀 참조가 유효하지 않을 경우 발생하는 오류 메시지

34. 다음 그림에서 A6 셀에 수식 '=$A$1+$A2'를 입력한 후 다시 A6 셀을 복사하여 C6와 C8에 각각 붙여넣기를 하였을 경우, (A)와 (B)에 나타나게 되는 숫자의 합은 얼마인가?

	A	B	C	D
1	7	2	8	
2	3	3	8	
3	1	5	7	
4	2	5	2	
5				
6			(A)	
7				
8			(B)	
9				

① 10
② 12
③ 14
④ 16
⑤ 19

35. 다음 설명에 해당하는 엑셀 기능은?

> 입력한 데이터 정보를 기반으로 하여 데이터를 미니 그래프 형태의 시각적 표시로 나타내 주는 기능

① 클립아트
② 스파크라인
③ 하이퍼링크
④ 워드아트
⑤ 필터

36. 다음 중 아래 시트에서 야근일수를 구하기 위해 [B9] 셀에 입력할 함수로 옳은 것은?

	A	B	C	D	E
1	4월 야근 현황				
2	날짜	도준영	전아롱	이진주	강석현
3	4월15일		V		V
4	4월16일	V		V	
5	4월17일	V	V	V	
6	4월18일		V	V	V
7	4월19일	V		V	
8	4월20일	V			
9	야근일수				
10					

① =COUNTBLANK(B3:B8)
② =COUNT(B3:B8)
③ =COUNTA(B3:B8)
④ =SUM(B3:B8)
⑤ =SUMIF(B3:B8)

37. 다음 중 아래 워크시트에서 참고표를 참고하여 55,000원에 해당하는 할인율을 [C6]셀에 구하고자 할 때의 적절한 함수식은?

	A	B	C	D	E	F
1		<참고표>				
2		금액	30,000	50,000	80,000	150,000
3		할인율	3%	7%	10%	15%
4						
5		금액	55,000			
6		할인율	7%			
7						

① =LOOKUP(C5,C2:F2,C3:F3)
② =HLOOKUP(C5,B2:F3,1)
③ =VLOOKUP(C5,C2:F3,1)
④ =VLOOKUP(C5,B2:F3,2)
⑤ =LOOKUP(C5,C2:F3,2)

38. 다음의 알고리즘에서 인쇄되는 A는?

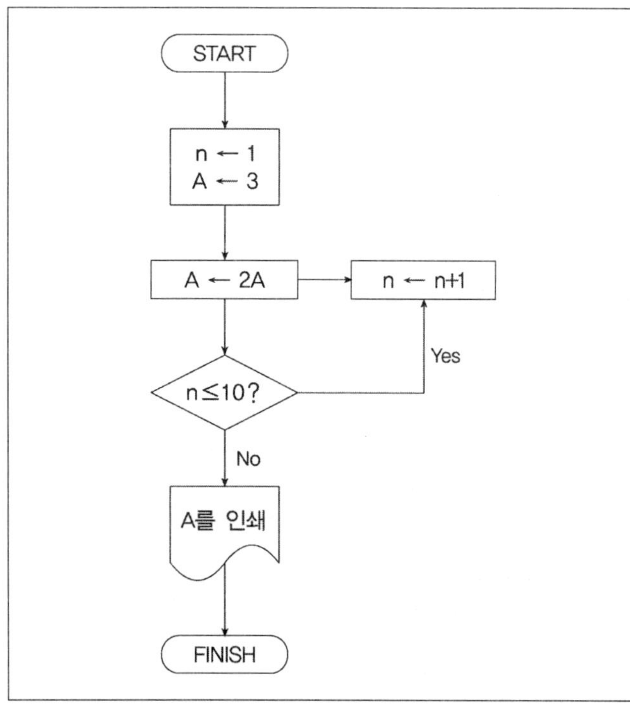

① $2^8 \cdot 3$

② $2^9 \cdot 3$

③ $2^{10} \cdot 3$

④ $2^{11} \cdot 3$

⑤ $2^{12} \cdot 3$

39. 다음 워크시트에서 [A2] 셀 값을 소수점 첫째자리에서 반올림하여 [B2] 셀에 나타내도록 하고자 한다. [B2] 셀에 알맞은 함수식은?

	A	B
1	숫자	반올림한 값
2	987.9	
3	247.6	
4	864.4	
5	69.3	
6	149.5	
7	75.9	

① ROUND(A2, −1)

② ROUND(A2, 0)

③ ROUNDDOWN(A2, 0)

④ ROUNDUP(A2, −1)

⑤ ROUND(A3, 0)

40. 다음 워크시트는 학생들의 수리영역 성적을 토대로 순위를 매긴 것이다. 다음 중 [C2] 셀의 수식으로 옳은 것은?

	A	B	C
1		수리영역	순위
2	이순자	80	3
3	이준영	95	2
4	정소이	50	7
5	금나라	65	6
6	윤민준	70	5
7	도성민	75	4
8	최지애	100	1

① =RANK(B2,$B$2:$B$8)

② =RANK(B2,$B$2:$B$8,1)

③ =RANK(C2,$B$2:$B$8)

④ =RANK(C2,$B$2:$B$8,0)

⑤ =RANK(C2,$B$2:$B$8,1)

41. 다음 의사결정의 이론 모형 중 기술적 모형에 관한 내용으로 가장 옳지 않은 것은?

① 이는 현실상황에서 실제로 의사결정을 내리는 방식을 설명하는 모형을 말한다.

② 의사결정자는 대안과 그 결과에 대해 완전한 정보를 가질 수 있는 무제한 합리성을 전제로 한다.

③ 이러한 모형에서의 의사결정자는 관리적 인간으로 만족을 추구한다.

④ 제약된 합리성 하에서 의사결정을 내리는 경우에 최적의 의사결정보다는 만족스러운 의사결정을 추구한다.

⑤ 지식의 불완전성, 예측의 곤란성, 가능한 대체안의 제약을 전제하는데 주로 비정형화된 문제해결에 적합하다.

42. 다음 중 기업의 재고관리모형에 대한 상호관련을 짝지은 것으로 옳지 않은 것은?

① ABC 방식 – 재고자산의 가치나 중요도에 따라 중점적으로 관리하는 기법

② EOQ 모형 – 주문비용과 재고유지비용을 합한 연간 총비용이 최소가 되도록 하는 주문량

③ P-System 모형 – 주문기간을 일정하게 하고 주문량을 변동시키는 모형

④ 자재소요계획 – 시기별로 제품생산에 소요되는 자재소요량을 분석하고 재고투자를 최대로 하여 단위단가를 최소화 하기 위한 재고관리모형

⑤ JIT 재고모형 – 생산과정에서 필요한 양의 부품이 즉시에 도착하므로 재고유지가 필요없거나 또는 극소의 재고만을 유지함으로써 재고관리비용을 최소화시키는 모형

43. 다음 지식경영에 관련한 설명으로 가장 옳지 않은 것은?

① 지식경제에서는 기업·조직·개인·공동체가 효율적으로 지식을 창출·획득·전달·공유할 수 있어야 한다.

② 기술이전과 네트워크이론은 조직 내부가 아닌 조직 외부로부터의 지식창출과 관련된 분야이다.

③ 정보기술 시스템은 지식경영 분야에서 가장 빠른 성장과 발전을 거듭하고 있는 분야이다.

④ 혁신이론은 지식경영과는 간접적인 관계를 지니고 있다.

⑤ 혁신이론은 국가의 정책과 체계에 관한 이론들까지 제시해 주고 있다.

44. 다음 지문의 내용과 가장 관련이 깊은 것은?

> 과거 공급자 위주의 치약시장에서는 한 종류의 치약밖에 없었으나, 최근에는 소득수준이 높아지면서 치약에 대한 소비자들의 욕구가 다양해지고, 치약시장이 나누어지기 시작하였다. 그래서 지금의 치약시장은 가격에 민감한 시장, 구강건강이 주된 관심인 시장, 치아의 미용 효과가 주된 관심인 시장, 유아용 치약시장 심지어는 노인 및 환자를 주된 고객으로 하는 치약시장까지 개발되어 나누어져 있는 것을 알 수 있다.

① 목표시장 선정

② 시장세분화

③ 포지셔닝 전략

④ 마케팅믹스 전략

⑤ BCG 매트릭스 전략

45. 다음 중 지식중심의 조직에서 일하는 모든 경영자와 지식 근로자들이 알아두어야 할 자기개발의 핵심으로 바르지 않은 것은?

① 권력행사

② 인간관계

③ 의사결정

④ 목표달성

⑤ 시간관리

46. 다음 중 기능별 조직의 설명으로 가장 거리가 먼 것은?

① 모든 조직구조 형성의 기본요소가 되며 더불어 모든 조직의 기준이 되고 있다.

② 전체조직을 인사 · 생산 · 재무 · 회계 · 마케팅 등의 경영기능을 중심으로 부문화하고 있는 형태를 띠고 있다.

③ 부서별로 분업이 이루어짐에 따라 전문화를 촉진시켜 능률을 향상시킨다.

④ 이러한 형태는 주로 많은 종류의 제품이나 서비스를 생산 및 판매하는 대규모 기업에서 선호된다.

⑤ 규모가 확대되어 구조가 복잡해지면 기업전체의 의사결정이 지연되고, 기업전반의 효율적인 통제가 어려워지는 문제점이 있다.

47. 다음 중 QR 시스템의 효과로 바르지 않은 것은?

① QR이 추구하는 목적은 제품개발의 짧은 사이클화를 이룩하고, 소비자의 욕구에 신속 대응하는 정품을, 정량에, 적정가격으로, 적정장소로 유통 시키는 데 있다.

② QR은 정보기술과 참여기술의 활동을 통해 상품에 대한 소비자들의 반응에 신속히 대처 하며 비용을 절감한다는 목표를 두고 있다.

③ QR은 원자재 조달과 생산 그리고 배송에서 누적 리드타임을 지연시키고 안전재고를 감소시키며, 예측오류를 감소시키는 효과가 있다. 또한 상품 로스율을 감소시킨다.

④ QR 시스템은 업체에서는 즉각적인 고객서비스를 할 수 있어 서비스의 질을 향상시킬 수 있고 업무의 효율성과 소비자의 만족을 극대화시킨다.

⑤ QR 시스템은 상품을 수령하는 데 따른 비용을 줄여준다.

48. 다음 내용은 제품수명주기 중 어디에 해당하는가?

> • 급속히 성장하는 단계
> • 경쟁자가 점차적으로 증가하는 단계

① 도입기   ② 성장기

③ 성숙기   ④ 쇠퇴기

⑤ 휴면기

49. 다음이 설명하고 있는 경영혁신 기법은?

> 이는 기업의 비용·품질·서비스·속도와 같은 핵심적 분야에서 극적인 향상을 이루기 위해 기존의 업무수행방식을 원점에서 재검토하여 업무처리절차를 근본적으로 재설계하는 것이다.

① 고객관계관리　　　　② 아웃소싱
③ 구조 조정　　　　　　④ 벤치마킹
⑤ 리엔지니어링

50. 다음 중 직무기술서에 관한 설명으로 가장 거리가 먼 것은?

① 직무내용과 직무요건에 동일한 비중을 두고, 직무 자체의 특성을 중심으로 정리한다.
② 직무명칭, 직무개요, 직무내용, 장비·환경·작업 활동 등의 직무요건 등이 포함되어진다.
③ 속직적 기준, 직무행위의 개선점 등이 포함된다.
④ 과업중심적인 직무분석에 의하여 얻어진다.
⑤ 인적자원관리의 구체적이고 특정한 목적을 위해 세분화하여 작성하게 된다.

51. 다음 중 앤소프가 말한 조직계층별 분류에서 전략적 의사결정에 해당하는 내용으로 볼 수 있는 것은?

① 외부환경과의 관계에 대한 비정형적인 문제를 다루게 된다.
② 자재 및 설비의 조달, 종업원의 훈련과 개발, 자금조달 등의 내용을 다루게 된다.
③ 주로 일선 감독층에서 행하는 의사결정이라 할 수 있다.
④ 기업의 제 자원을 활용함에 있어서 그 성과가 극대화될 수 있는 방향으로 조직화하는 의사결정방식이다.
⑤ 자원배분, 업무일정계획 등이 전략적 의사결정에 해당하는 대표적인 예이다.

52. 다음 고객생애가치의 특징에 관한 설명 중 가장 바르지 않은 것은?

① 고객생애가치는 고객과 기업 간에 존재하는 관계의 전체적인 가치가 아닌 한 시점에서의 가치이다.
② 고객생애가치는 매출액이 아니고 이익을 의미한다.
③ 고객생애가치는 우량 고객의 효과적 관리를 위해서는 이들이 느끼는 가치에 따라 보상 프로그램을 차별적으로 실시하는 것이 바람직하다.
④ 고객생애가치를 산출함에 있어서 기업은 어떤 고객이 기업에게 이롭고 유리한 고객인가를 파악할 수 있다.
⑤ 고객생애가치는 고객의 이탈률이 낮을수록 증가하게 된다.

53. 다음 공동수배송의 효과 중 그 의미가 다른 하나는?

① 수·배송 업무의 효율화
② 운송횟수의 감소로 수배송 비용의 절감
③ 차량 및 시설투자 증가의 억제
④ 교통량의 감소에 의한 환경보전
⑤ 검사 등 일선업무의 효율화

54. 다음 중 매트릭스 조직에 관한 설명으로 바르지 않은 것은?

① 이러한 조직의 경우 효율성 목표와 유연성 목표를 동시에 달성하고자 하는 의도에서 발생하였다.

② 조직의 경영자가 프로젝트와 같은 구체적인 목적을 효율적으로 달성하기 위한 조직구조를 만들고자할 때 사용되는 부문화 방법이라 할 수 있다.

③ 매트릭스 조직의 경우 프로젝트 조직과는 달리 영구적인 조직이다.

④ 고도로 복잡한 임무를 수행하는 우주산업·연구개발 사업·건설회사·광고대행업 등의 대규모 기업에서 널리 활용되고 있는 형태의 조직구조이다.

⑤ 매트릭스 조직에서 작업자는 3중 명령체계를 갖는다.

55. 다음 제품수명주기 내용에서 ㉠과 ㉡에 들어갈 적절한 개념이 순서대로 바르게 연결된 것은?

> 사람에도 수명이 있듯이 제품도 인간과 비슷하게 일정한 수명주기를 지닌다. 제품 수명은 새로운 제품이 등장할 때마다 반복적인 형태로 나타나며 일반적으로 하나의 제품이 시장에 출시되면 도입기 → 성장기 → (㉠) → 쇠퇴기의 4단계를 겪게 된다.
> 제품의 출시와 함께 시작되는 도입기는 조기수용자(Early Adopter) 또는 혁신자가 구입하는 단계이고, 이를지나 성장기에는 조기다수자(Early Majority)가 구입하게 된다. 한편 도입기와 성장단계의 사이에 (㉡)(가)이 존재하는 경우도 있으며, 이를 넘어서지 못하고 많은 기술과 상품들이 도태되기도 한다. 하지만 이 지점을 넘어서면 수요층이 다수로 확장될 수 있다.

	㉠	㉡
①	성숙기	기술포화
②	포화기	확산거점
③	성숙기	확산거점
④	성숙기	캐즘(Chasm)
⑤	도입기	판매정점

56. 다음 마케팅 개념의 전개순서로 바른 것은?

① 마케팅개념 → 사회적 마케팅개념 → 생산개념 → 판매개념 → 제품개념

② 판매개념 → 마케팅개념 → 생산개념 → 제품개념 → 사회적 마케팅개념

③ 생산개념 → 판매개념 → 제품개념 → 마케팅개념 → 사회적 마케팅개념

④ 판매개념 → 제품개념 → 생산개념 → 마케팅개념 → 사회적 마케팅개념

⑤ 생산개념 → 제품개념 → 판매개념 → 마케팅개념 → 사회적 마케팅개념

57. 아래의 내용은 고객의 특성을 이해해서 기업경영에 있어서의 성공을 거둔 사례이다. 해당 기업에서 경영에 적용한 고객의 특성은 무엇인가?

> 미국 홈 디포의 경우에서는 목표로 한 고객층이었던 DIY (DO-It-Yourself)족이 나이를 먹어감에 따라 이들의 욕구도 변할 것이라고 생각하였다. 점포에서 무료상담 및 낮은 가격으로 직접 카펫이나 또는 문난방 시스템 등을 설치해 주는 서비스를 시작해서 대성공을 거두었다.

① 고객의 접촉 중시

② 고객의 가치 중시

③ 고객의 신뢰 중시

④ 고객의 감성 중시

⑤ 고객의 민감한 변화 중시

58. 고객행동 유발의 특성에 관한 내용 중 "차별적 대안으로 인해 비교분석을 가능하게 할 수 있게 해서 고객으로 하여금 직접적으로 구매가치를 결정할 수 있게 하는 것이다."와 관련이 있는 것은?

① 대조 및 나열행동 효과

② 선도 효과

③ 세뇌행동 효과

④ 유인행동 효과

⑤ 구성 및 연출효과

59. 매년 영구적으로 동일하게 3,000원의 배당을 지급하는 A회사의 주식이 있다. 이때 요구수익률이 20%일 때 해당 주식의 내재가치를 구하면?

① 10,000원 　　　　② 12,000원

③ 13,000원 　　　　④ 15,000원

⑤ 17,000원

60. 다음 수요상황 중 성격이 다른 것은?

① 부정적 수요 　　　　② 불규칙적 수요

③ 잠재적 수요 　　　　④ 감퇴적 수요

⑤ 무수요

61. 다음 중 전통적 인사관리에 대한 설명으로 가장 옳지 않은 것은?

① 오로지 기업 조직의 목표만을 강조하고 있다.

② 현재의 인력을 활용하는 정도의 단기적 안목을 지니고 있는 인사관리 방식이다.

③ CDP와 같은 경력중심의 인사관리에 중점을 두고 있다.

④ 타율적이면서 소극적인 X이론적인 인간관을 바탕으로 하고 있다.

⑤ 노동조합에 대해 억제하는 경향을 지니고 있다.

62. 다음 중 말킬(Malkiel)이 제시한 채권가격의 정리에 대한 설명으로 바르지 않은 것은?

① 동일한 이자율 변동에 의해 만기까지의 기간이 길어질수록 장기채권의 가격은 단기채권의 가격보다 더 큰 폭으로 변동하게 된다.

② 이표이율이 높아질수록 일정한 시장이자율 변동에 의한 채권가격의 변동률은 작아지게 된다.

③ 이자율의 변동이 발생할 시에는 만기까지의 기간이 길어질수록 채권의 가격은 보다 더 커다란 폭으로 변동하게 된다.

④ 채권가격은 이자율 수준에서의 움직임과 동일한 방향으로 변동하게 된다.

⑤ 시장이자율이 동일한 크기로 상승하거나 또는 하락할 때 채권 가격의 하락 및 상승이 비대칭적이다.

63. 다음은 시장세분화 조건에 대한 내용들이다. 이 중 가장 옳지 않은 것은?

① 마케터가 각 세분시장에 속하는 구성원을 확인하고, 세분화 근거에 따라 그 규모 및 구매력 등의 크기를 측정할 수 있어야 한다는 것은 측정 가능성을 의미하는 것이다.

② 각 세분시장은 별도의 마케팅 노력을 할애받을 만큼 규모가 크고 수익성이 높아야 한다는 것은 유지 가능성을 의미하는 것이다.

③ 마케터가 각 세분시장에게 기업이 별도의 상이한 마케팅 노력을 효과적으로 집중시킬 수 있어야 한다는 것은 접근 가능성을 의미하는 것이다.

④ 마케터가 각 세분시장에게 적합한 마케팅 믹스를 실제로 개발할 수 있는 능력 및 자원을 가지고 있어야 한다는 것은 실행 가능성을 의미하는 것이다.

⑤ 특정 마케팅 믹스에 대한 반응 및 세분화 근거에 있어 같은 세분시장의 구성원은 이질성을 보여야 하고, 다른 세분시장의 구성원과는 동질성을 보여야 한다는 것은 내부적 동질성과 외부적 이질성을 의미하는 것이다.

64. 테일러의 과학적 관리법에 대한 내용으로 옳지 않은 것은?

① 시간연구와 동작연구

② 차별적 성과급제

③ 분업의 원리에 입각한 직능식 조직

④ 고임금 저노무비

⑤ 봉사목적에 입각한 경영철학

65. 다음 중 옵션(Option)에 대한 설명으로 틀린 것을 고르면?

① 옵션의 행사라 함은 기초자산의 시장가격이 행사가격에 비해서 유리한 경우 계약의 내용을 이행할 수 있도록 요구하는 행위를 말한다.

② 유럽형 옵션은 오로지 개시일에만 권리를 행사할 수 있는 옵션을 말한다.

③ 미국형 옵션은 만기일 이전의 어느 시기라도 권리를 행사할 수 있는 옵션을 말한다.

④ 풋 옵션은 정해진 가격으로 일정한 시점에서 기초자산을 처분할 수 있는 권리가 부여된 증권을 말한다.

⑤ 콜 옵션은 정해진 가격으로 일정한 시점에서 기초자산을 구입할 수 있는 권리가 부여된 증권을 말한다.

66. 제품의 라이프사이클이 점점 짧아지고 제조기술 등이 급변함에 따라 급증하고 있는 간접비를 합리적인 기준으로 직접비로 전환하는 것으로 투입자원이 제품이나 서비스 등으로 변환하는 과정을 명확하게 밝혀 제품 또는 서비스의 원가를 계산하는 방식은?

① Gross Margin Return On Labor

② Gross Margin Return On Selling area

③ Direct Product Profitability

④ Gross Margin Return On Inventory investment

⑤ Activity Based Costing

67. 다음 중 제4자 물류에 관한 설명으로 바르지 않은 것은?

① 앤더슨 컨설팅에 따르면 4PL은 "하주기업에게 포괄적인 공급사슬 솔루션을 제공하기 위해, 물류서비스 제공기업이 자사의 부족한 부문을 보완할 수 있는 타사의 경영자원, 능력 및 기술과 연계하여 보다 완전한 공급사슬 솔루션을 제공하는 공급사슬 통합자"라고 정의한다.

② 4PL은 공급사슬의 모든 활동과 계획 및 관리를 전담한다는 의미를 지니고 있다.

③ 4PL 성공의 핵심은 고객에게 제공되는 서비스를 극대화하는 것이라 할 수 있다.

④ 4PL은 전체적인 공급사슬에 영향을 주는 능력을 통해 가치를 증식시킨다.

⑤ 4PL은 3PL보다 범위가 좁은 공급사슬 역할을 담당한다.

68. 다음 중 채권과 주식을 비교 설명한 것으로 바르지 않은 것은?

① 자본조달형태면에서 보면 채권은 대부증권의 형태를 보이며, 주식은 출자증권의 형태를 띠게 된다.

② 경영참가 면에서 보면 채권은 참가권이 있지만, 주식은 참가권이 없다.

③ 증권의 존속기간 면에서 보면 채권은 한시적인 반면에, 주식은 영구적이다.

④ 조달원금 면에서 보면 채권은 만기 시에 원금을 상환하지만, 주식은 상환의무가 없다.

⑤ 조달자금의 면에서 보면 채권은 타인자본인 반면에, 주식은 자기자본의 성격을 띠고 있다.

69. 다음 중 판매개념에 대한 설명으로 바르지 않은 것을 고르면?

① 기업 요구를 강조하고 있다.

② 대내적이면서 기업지향성의 특성을 띠고 있다.

③ 판매 및 촉진이라는 수단을 활용한다.

④ 기존의 제품에 초점이 맞추어져 있다.

⑤ 목표는 고객의 만족을 통한 이윤의 창출에 있다.

70. 다음의 설명들 중 바르지 않은 것은?

① 지식은 앎을 바탕으로 무엇인가를 새롭게 창출하고 조직해 체계화함으로써 다시 새로운 것을 창출할 수 있는 기술과 정보까지도 포괄하는 개념이다.

② 지식경영은 기업을 둘러싼 환경이 급변함에 따라 이에 적극 대응하기 위한 지속적인 혁신과 함께 이를 가능하게 하는 지식의 중요성이 커짐에 따라 필립 코틀러에 의해 제창된 개념이다.

③ 지식과 정보의 생산, 유통, 사용, 축적은 컴퓨터와 인터넷 등 정보통신 기술의 발달이라는 물리적 기반에 기초해서 이루어진다.

④ 지식경영은 조직 전체의 문제해결 능력을 비약적으로 향상시키는 경영방식이다.

⑤ 형식지는 언어나 숫자로 표현할 수 있고 쉽게 공유할 수 있는 객관적 지식을 말한다.

71. 사이먼(H. Simon)은 의사결정 대상의 성격에 따라 정형적 의사결정과 비정형적 의사결정으로 구분하고 있는데, 다음 중 비정형적인 의사결정에 대한 내용으로 보기 어려운 것은?

① 비일상적이면서 특수한 상황에 적용되는 성격을 지니고 있다.

② 주로 전략적인 의사결정의 수준을 취하고 있다.

③ 전통적인 기법에서는 직관, 판단, 경험법칙 등에 의존했으며, 현대적 기법에서는 휴리스틱 기법을 활용하고 있다.

④ 이러한 의사결정의 조직구조에서의 의사결정은 주로 하위층에서 수행하게 된다.

⑤ 이러한 의사결정의 경우 주로 비구조화되어 있고, 결정 사항 등이 비일상적이며, 복잡한 조직 등에 적용된다.

72. 다음 괄호 안에 들어갈 말을 순서대로 바르게 나열한 것은?

> (㉠)은/는 직무분석자가 직무수행을 하는 종업원의 행동을 관찰한 것을 토대로 직무를 판단하는 것을 말하고, (㉡)은/는 해당 직무를 수행하는 종업원과 직무분석자가 서로 대면해서 직무정보를 취득하는 방법을 말하며, (㉢)은/는 질문지를 통해 종업원에 대한 직무정보를 취득하는 방법을 말한다.

① ㉠ 관찰법, ㉡ 워크샘플링법, ㉢ 중요사건서술법

② ㉠ 관찰법, ㉡ 작업기록법, ㉢ 질문지법

③ ㉠ 관찰법, ㉡ 중요사건서술법, ㉢ 질문지법

④ ㉠ 관찰법, ㉡ 면접법, ㉢ 질문지법

⑤ ㉠ 관찰법, ㉡ 워크샘플링법, ㉢ 질문지법

73. 다음 중 과학적 관리론과 양대 산맥으로 대비되는 인간 관계론에 대한 설명으로 바르지 않은 것은?

① 인간관계론은 맥그리거의 Y이론적 내용에 가깝다.

② 인간관계론은 직무중심이 아닌 인간중심적의 이론이다.

③ 인간관계론은 사회적 인간관을 가정하고 있는 이론이다.

④ 인간관계론은 공식적인 구조관을 지니고 있다.

⑤ 인간관계론은 인간을 감정의 존재로 인지하고 있다.

74. 어떠한 채권의 약정수익률이 20%이고, 기대수익률이 10%이다. 이 때 무위험이자율을 5%라고 할 때에 해당 채권의 위험 프리미엄과 채무불이행위험프리미엄을 각각 구하면?

① 5%, 5%

② 5%, 20%

③ 5%, 10%

④ 5%, 13%

⑤ 5%, 15%

75. 기업 조직의 구성원이 어느 일정한 연령에 이르게 되면 당시의 연봉을 기준으로 해서 임금을 줄여나가는 대신에 반대급부로 지속적인 근무를 할 수 있도록 해 주는 제도를 일컫는 말은?

① 카페테리아 제도

② 임금피크제도

③ 법정 외 복리후생

④ 최저임금제도

⑤ 생활임금제도

76. 니치시장의 요건으로 옳지 않은 것은?

① 주요 경쟁자들의 관심

② 수익성 있는 규모와 구매력

③ 성장잠재력

④ 필요한 기술과 자원 보유

⑤ 소비자선호를 구축하여 경쟁자의 공격으로부터 방어 가능

77. 아래의 사례는 시장세분화 기준 변수 중 무엇과 관련성이 가장 높은가?

> Maxwell House 커피는 제품을 전국적으로 생산, 판매하고 있으나, 맛을 지역적으로 다르게 하고 있는데, 강한 커피를 좋아하는 서부지역에는 진한 커피를 팔고, 동부지역에는 그 보다 약한 커피를 판매하고 있다.

① 인지 및 행동적 세분화

② 심리행태적 세분화

③ 산업재 구매자 시장의 세분화

④ 지리적 세분화

⑤ 인구통계적 세분화

78. 투자자가 IFRS 재무제표를 분석할 때 유의해야 할 사항으로 옳지 않은 것은?

① 지분 50% 이상의 자회사들의 실적이 좋으면 연결기준적용으로 전체적인 기업실적이 개선된다.

② 브랜드가치가 높은 회사의 주가는 자산 재평가를 통해 주가상승 가능성이 높다.

③ 건물이나 기계설비 등이 노후한 회사의 경우 자산가치 감소로 PBR이 감소하여 주가하락 가능성이 높다.

④ 건설회사의 경우 건설공사계약이 이루어지면 준공하는 시점에 매출과 이익이 일괄 계상된다.

⑤ 건설회사 실적의 기간별 변동성이 커지게 된다.

79. 다음 중 제조 기업이 구축하는 유통경로 중 통합적 유통경로에 대한 설명으로 가장 거리가 먼 것은?

① 제조기업의 의도대로 유통기능을 설정할 수 있으므로, 유통경로 참여자에 대한 제조기업의 통제권을 높일 수 있다.

② 제조 기업이 판매원들을 고용하고 시장 커버리지를 넓히기 위해 다수의 점포를 개설해야 하므로 유통경로 구축에 많은 투자가 필요하다.

③ 유통경로에 참여하는 유능한 중간상이 많을수록 제조 기업은 유통경로를 통합하려는 의지가 강하고, 유능한 중간상이 적을수록 의지는 약화된다.

④ 제조 기업이 판매와 영업에 있어서 독특하거나 차별적인 노하우 등과 같이 다른 기업에 누출되지 말아야 하는 "영업비밀"을 많이 보유한 경우에 통합적 유통경로가 적합하다.

⑤ 제조 기업이 규격화된 상품을 판매하는 것보다는 상품을 구매자의 요구에 맞추는 것이 중요한 경우에 통합적 유통경로가 더 적합하다.

80. 다음 중 인터넷 유통경로 목표설계 시의 고려사항으로 바르지 않은 것은?

① 전략적인 사고

② 경쟁사의 유통경로

③ 공급자의 기대 서비스 수준

④ 제품 및 시장의 특성

⑤ 기업목표 및 특성

대구교통공사 필기시험 모의고사

성 명

수 험 번 호

⓪	⓪	⓪	⓪	⓪	⓪	⓪	⓪
①	①	①	①	①	①	①	①
②	②	②	②	②	②	②	②
③	③	③	③	③	③	③	③
④	④	④	④	④	④	④	④
⑤	⑤	⑤	⑤	⑤	⑤	⑤	⑤
⑥	⑥	⑥	⑥	⑥	⑥	⑥	⑥
⑦	⑦	⑦	⑦	⑦	⑦	⑦	⑦
⑧	⑧	⑧	⑧	⑧	⑧	⑧	⑧
⑨	⑨	⑨	⑨	⑨	⑨	⑨	⑨

직업기초능력평가 / 경영학개론

직업기초능력평가		경영학개론	
1 ① ② ③ ④ ⑤	21 ① ② ③ ④ ⑤	41 ① ② ③ ④ ⑤	61 ① ② ③ ④ ⑤
2 ① ② ③ ④ ⑤	22 ① ② ③ ④ ⑤	42 ① ② ③ ④ ⑤	62 ① ② ③ ④ ⑤
3 ① ② ③ ④ ⑤	23 ① ② ③ ④ ⑤	43 ① ② ③ ④ ⑤	63 ① ② ③ ④ ⑤
4 ① ② ③ ④ ⑤	24 ① ② ③ ④ ⑤	44 ① ② ③ ④ ⑤	64 ① ② ③ ④ ⑤
5 ① ② ③ ④ ⑤	25 ① ② ③ ④ ⑤	45 ① ② ③ ④ ⑤	65 ① ② ③ ④ ⑤
6 ① ② ③ ④ ⑤	26 ① ② ③ ④ ⑤	46 ① ② ③ ④ ⑤	66 ① ② ③ ④ ⑤
7 ① ② ③ ④ ⑤	27 ① ② ③ ④ ⑤	47 ① ② ③ ④ ⑤	67 ① ② ③ ④ ⑤
8 ① ② ③ ④ ⑤	28 ① ② ③ ④ ⑤	48 ① ② ③ ④ ⑤	68 ① ② ③ ④ ⑤
9 ① ② ③ ④ ⑤	29 ① ② ③ ④ ⑤	49 ① ② ③ ④ ⑤	69 ① ② ③ ④ ⑤
10 ① ② ③ ④ ⑤	30 ① ② ③ ④ ⑤	50 ① ② ③ ④ ⑤	70 ① ② ③ ④ ⑤
11 ① ② ③ ④ ⑤	31 ① ② ③ ④ ⑤	51 ① ② ③ ④ ⑤	71 ① ② ③ ④ ⑤
12 ① ② ③ ④ ⑤	32 ① ② ③ ④ ⑤	52 ① ② ③ ④ ⑤	72 ① ② ③ ④ ⑤
13 ① ② ③ ④ ⑤	33 ① ② ③ ④ ⑤	53 ① ② ③ ④ ⑤	73 ① ② ③ ④ ⑤
14 ① ② ③ ④ ⑤	34 ① ② ③ ④ ⑤	54 ① ② ③ ④ ⑤	74 ① ② ③ ④ ⑤
15 ① ② ③ ④ ⑤	35 ① ② ③ ④ ⑤	55 ① ② ③ ④ ⑤	75 ① ② ③ ④ ⑤
16 ① ② ③ ④ ⑤	36 ① ② ③ ④ ⑤	56 ① ② ③ ④ ⑤	76 ① ② ③ ④ ⑤
17 ① ② ③ ④ ⑤	37 ① ② ③ ④ ⑤	57 ① ② ③ ④ ⑤	77 ① ② ③ ④ ⑤
18 ① ② ③ ④ ⑤	38 ① ② ③ ④ ⑤	58 ① ② ③ ④ ⑤	78 ① ② ③ ④ ⑤
19 ① ② ③ ④ ⑤	39 ① ② ③ ④ ⑤	59 ① ② ③ ④ ⑤	79 ① ② ③ ④ ⑤
20 ① ② ③ ④ ⑤	40 ① ② ③ ④ ⑤	60 ① ② ③ ④ ⑤	80 ① ② ③ ④ ⑤

대구교통공사
필기시험 모의고사

- 정답 및 해설 -

✎ 직업기초능력평가(40문항)

1 ③

③ '가엽다'는 '가엾다'와 함께 표준어로 쓰인다.
① 아지랑이 → 아지랑이
② 상판때기 → 상판대기
④ 가벼히 → 가벼이
⑤ 느즈감치 → 느지감치

2 ④

④ 혜림은 목 놓아 울었다. 그러므로 스트레스를 해소하였다. → 혜림은 목 놓아 울었다. 그럼으로(써) 스트레스를 해소하였다.

3 ②

'위로 끌어 올리다'의 뜻으로 사용될 때는 '추켜올리다'와 '추어올리다'를 함께 사용할 수 있지만 '실제보다 높여 칭찬하다'의 뜻으로 사용될 때는 '추어올리다'만 사용해야 한다.
① 쓰여지는 지 → 쓰이는지
③ 나룻터 → 나루터
④ 서슴치 → 서슴지
⑤ 또아리 → 똬리

4 ②

- 수립(樹立) : 국가나 정부, 제도, 계획 따위를 이룩하여 세움
- 적립(積立) : 모아서 쌓아 둠
- 확립(確立) : 체계나 견해, 조직 따위가 굳게 섬. 또는 그렇게 함

5 ②

첫 번째 문단에서는 아바이 마을에 대한 설명, 두 번째는 가자미인 자리고기에 대한 설명, 세 번째는 가자미를 이용해 만든 가자미식해에 대한 설명이다. 따라서 이 세 문단의 내용을 모두 담을 수 있는 제목으로는 ② 속초의 아바이 마을과 가자미식해가 적합하다.

6 ④

몇 개 국가의 남녀평등 문화와 근로정책에 대하여 간략하게 기술하고 있으며, 노르웨이와 일본의 경우에는 법률을 구체적으로 언급하고 있지 않다. 또한 단순한 근로정책 소개가 아닌, 남녀평등에 관한 내용을 일관되게 소개하고 있으므로 전체를 포함하는 논지는 '남녀평등과 그에 따른 근로정책'에 관한 것이라고 볼 수 있다.

7 ①

집단 사이의 관계에서 도덕적이며 윤리적인 조정이 불가능한 것은 아니다. (역접 : 그러나) 실제 집단사이에서는 윤리적인 조정이 불가능 하다. (순접 : 따라서) 집단 사이의 관계는 윤리적이기 보다 정치적이다. (부연 : 즉) 집단사이의 관계는 각 집단이 지닌 힘의 비율에 의해서 수립된다.

8 ④

④ 밑줄 친 부분의 문맥적 의미는 인간이 대상에 대해 지닐 수 있는 문제의식이나 의문을 뜻한다.

9 ①

㉠ 갑과 을 모두 경제 문제를 틀린 경우

　갑과 을의 답이 갈리는 경우만 생각하면 되므로 2, 4, 6, 7번만 생각하면 된다.

　2, 4, 6, 7번을 제외한 나머지 항목에 경제 문제가 있는 게 되므로 경제 문제는 20점이므로 갑은 나머지 문제를 틀리게 되면 80점을 받을 수 없다. 을은 2, 4, 6, 7번을 모두 맞췄다면 모두 10점짜리라고 하더라도 최대 점수는 60점이 되므로 갑과 을 모두 경제 문제를 틀린 경우는 있을 수 없다.

㉡ 갑만 경제 문제를 틀렸다면 나머지는 다 맞춰야 한다.

• 2, 4, 6, 7번 중 하나가 경제일 경우 갑은 정답이 되고 을은 3개가 틀리게 된다. 3개를 틀려서 70점을 받으려면 각 배점은 10점짜리이어야 하므로 예술 문제를 맞춘 게 된다.

• 2, 4, 6, 7번 중 하나가 경제가 아닌 경우 을은 4문제를 틀린 게 되므로 70점을 받을 수 없다.

　그러므로 갑이 경제 문제를 틀렸다면 갑과 을은 모두 예술 문제를 맞춘 것이 된다.

㉢ 갑이 역사 문제 두 문제를 틀렸을 경우

• 2, 4, 6, 7번 문항에서 모두 틀린 경우 을은 2, 4, 6, 7번에서 2문제만 틀리고 나머지는 정답이 되므로 을은 두 문제를 틀리고 30점을 잃었으므로 경제 또는 예술에서 1문제, 역사에서 1문제를 틀린 게 된다.

• 2, 4, 6, 7번 문항에서 1문제만 틀린 경우 을은 역사 1문제를 틀리고, 2, 4, 6, 7번에서 3문제를 틀리게 된다. 그러면 70점이 안 되므로 불가능하다.

• 2, 4, 6, 7번 문항에서 틀린 게 없는 경우 을은 역사 2문제를 틀리고, 2, 4, 6, 7번에서도 틀리게 되므로 40점이 된다.

10 ③

평가 항목 음식점	음식 종류	이동 거리	1인분 가격	평점 (★ 5개 만점)	예약 가능 여부	총점
북경반점	2	4	5	1	1	13
샹젤리제	3	3	4	2	1	13
경복궁	4	5	2	3	0	14
아사이타워	5	1	3	4	0	13
광화문	4	2	1	5	0	12

11 ①

A와 B는 6동 식당에 가지 않았다고 하였으므로 6동 식당에 간 사람은 C다. B는 C가 갔던 식당이 있는 동(6동)에서 근무하므로 B의 사무실은 6동이다.

A는 남은 5동에 사무실이 있으며 식당과 사무실이 겹치지 않기 때문에 7동에 위치한 식당에 갔다. 따라서 B는 남은 5동에 있는 식당에 간 것을 알 수 있다.

	5동	6동	7동
사무실	A	B	C
식당	B	C	A

12 ③

각 제품의 점수를 환산하여 총점을 구하면 다음과 같다.
다른 기능은 고려하지 않는다 했으므로 제시된 세 개 항목
에만 가중치를 부여하여 점수화한다.

구분	A	B	C	D
크기	153.2×76.1 ×7.6	154.4×76× 7.8	154.4×75.8 ×6.9	139.2×68.5 ×8.9
무게	171g	181g	165g	150g
RAM	4GB	3GB	4GB	3GB
저장 공간	64GB	64GB	32GB	32GB
카메라	16Mp	16Mp	8Mp	16Mp
배터리	3,000mAh	3,000mAh	3,000mAh	3,000mAh
가격	653,000원	616,000원	599,000원	549,000원
가중치 부여	20×1.3+18 ×1.2+20×1.1 =69.6	20×1.3+16 ×1.2+20×1.1 =67.2	18×1.3+18 ×1.2+8×1.1 =53.8	18×1.3+20 ×1.2+20×1.1 =69.4

따라서 가장 가중치 점수가 높은 것은 A제품이며, 가장 낮
은 것은 C제품이므로 정답은 A제품과 C제품이 된다.

13 ④

무항공사의 경우 화물용 가방 2개의 총 무게가
20×2=40kg, 기내 반입용 가방 1개의 최대 허용 무게가
16kg이므로 총 56kg까지 허용되어 무항공사도 이용이 가
능하다.

① 기내 반입용 가방의 개수를 2개까지 허용하는 항공사는
   갑, 병항공사 밖에 없다.

② 155cm 2개는 화물용으로, 118cm 1개는 기내 반입용
   으로 운송 가능한 곳은 무항공사이다.

③ 을항공사는 총 허용무게가 23+23+12=58kg이며, 병항
   공사는 20+12+12=44kg이다.

⑤ 2개를 기내에 반입할 수 있는 항공사는 갑항공사와 병
   항공사이나 모두 12kg까지로 제한을 두고 있다.

14 ②

팀장별 순위에 대한 가중치는 모두 동일하다고 했으므로 1 ~ 4순위까지를 각각 4, 3, 2, 1점씩 부여하여 점수를 산정해 보면 다음과 같다.

갑 : $2+4+1+2=9$

을 : $4+3+4+1=12$

병 : $1+1+3+4=9$

정 : $3+2+2+3=10$

따라서 〈보기〉의 설명을 살펴보면 다음과 같다.

㉠ ‘을’ 또는 ‘정’ 중 한 명이 입사를 포기하면 ‘갑’과 ‘병’이 동점자이나 A팀장이 부여한 순위가 높은 ‘갑’이 채용되게 된다.

㉡ A팀장이 ‘을’과 ‘정’의 순위를 바꿨다면, 네 명의 순위에 따른 점수는 다음과 같아지므로 바뀌기 전과 동일하게 ‘을’과 ‘정’이 채용된다.

갑 : $2+4+1+2=9$

을 : $3+3+4+1=11$

병 : $1+1+3+4=9$

정 : $4+2+2+3=11$

㉢ 이 경우 네 명의 순위에 따른 점수는 다음과 같아지므로 ‘정’은 채용되지 못한다.

갑 : $2+1+1+2=6$

을 : $4+3+4+1=12$

병 : $1+4+3+4=12$

정 : $3+2+2+3=10$

15 ⑤

주어진 조건에 의해 가능한 날짜와 연회장을 알아보면 다음과 같다.

우선, 백 대리가 원하는 날은 월, 수, 금요일이며 오후 6시 ~ 8시까지 사용을 원한다. 또한 인원수로 보아 A, B, C 연회장만 가능하다. 기 예약된 현황과 연회장 측의 직원들 퇴근 시간과 시작 전후 필요한 1시간씩을 감안하여 예약이 가능한 연회장과 날짜를 표시하면 다음과 같다.

일	월	화	수	목	금	토
			1 A, C	2 B 19시 D 18시	3 A, B	4 A 11시 B 12시
5	6 A	7	8 B, C	9 C 15시	10 A, B	11
12	13 A, B	14 A 16시	15 B, C	16	17 A, C	18

따라서 A, B 연회장은 원하는 날짜에 언제든 가능하지 않다.

① 가능한 연회장 중 가장 저렴한 C 연회장은 월요일에 사용이 불가능하다.

② 6일은 가장 비싼 A 연회장만 사용이 가능하다.

③ 인원이 200명을 넘지 않으면 가장 저렴한 C 연회장을 1, 8, 15, 17일에 사용할 수 있다.

④ 8일과 15일은 사용 가능한 잔여 연회장이 B, C 연회장으로 동일하다.

16 ①

주어진 평가 방법에 의해 각 팀별 총점을 산출해 보면 다음과 같다.

평가 항목 (가중치)	A팀	B팀	C팀	D팀
팀 성적 (0.3)	65	80	75	85
연간 경기 횟수 (0.2)	90	95	85	90
사회공헌활동 (0.3)	90	75	85	80
지역 인지도 (0.2)	95	85	95	85
총점	84.5+108 +117+114 =423.5점	104+114+ 97.5+102 =417.5점	97.5+102+ 110.5+114 =424점	110.5+108 +104+102 =424.5점

따라서 총점은 D-C-A-B 팀의 순서가 된다.

㉠㉢ 상위 2개 팀과 3개 팀에게만 주어지는 자격이므로 올바른 설명이다.

㉡㉣ 다음 표에서와 같이 총점이 달라지므로 (라)만 올바른 설명이 된다.

〈팀 성적과 연간 경기 횟수 가중치 상호 변경〉

평가 항목 (가중치)	A팀	B팀	C팀	D팀
팀 성적 (0.2)	65	80	75	85
연간 경기 횟수 (0.3)	90	95	85	90
사회공헌활동 (0.3)	90	75	85	80
지역 인지도 (0.2)	95	85	95	85
총점	78+117+11 7+114 =426점	96+123.5+ 97.5+102 =419점	90+110.5+11 0.5+114 =425점	102+117+10 4+102 =425점

→ 지원금이 삭감되는 4위는 B팀으로 바뀌지 않는다.

〈지역 인지도 내 점수가 모두 동일할 경우〉

평가 항목 (가중치)	A팀	B팀	C팀	D팀
팀 성적 (0.3)	65	80	75	85
연간 경기 횟수 (0.2)	90	95	85	90
사회공헌활 동 (0.3)	90	75	85	80
총점	84.5+108 +117 =309.5점	104+114 +97.5 =315.5점	97.5+102 +110.5 =310점	110.5+108 +104 =322.5점

→ 네 개 팀의 총점은 D-B-C-A 순으로 D팀을 제외한 3개 팀의 순위가 바뀌게 된다.

17 ⑤

문제의 그림은 커뮤니케이션 네트워크 형태 중 "Y형"을 나타낸 것이다. Y형에서 확고한 중심인은 존재하지 않아도 대다수의 구성원을 대표하는 리더가 존재하는 경우에 나타나는 유형으로써, 라인 및 스탭이 혼합되어 있는 집단에서 흔히 나타난다. ①번은 원 (Circle)형, ②번은 수레바퀴 (Wheel)형, ③번은 쇠사슬 (Chain)형, ④번은 상호연결 (All Channel)형에 대해 각각 설명한 것이다.

18 ④

M과 K 사이의 갈등이 있음을 발견하게 되었으므로 즉각적으로 개입하여 중재를 하고 이를 해결하는 것이 리더의 대처방법이다.

19 ④

이미지 메이킹은 언어적 및 비언어적인 커뮤니케이션의 수단이면서 동시에 적극적인 의사소통행위이다.

20 ②

권위 전략이란 직위나 전문성, 외모 등을 이용하면 협상 과정상의 갈등해결에 도움이 될 수 있다는 것이다. 설득기술에 있어서 권위란 직위, 전문성, 외모 등에 의한 기술이다. 사람들은 자신보다 더 높은 직위, 더 많은 지식을 가지고 있다고 느끼는 사람으로부터 설득 당하기가 쉽다. 계장의 말씀보다 국장의 말씀에 더 권위가 있고 설득력이 높다. 비전문가보다 전문가의 말에 더 동조하게 된다. 전문성이 있는 사람이 그렇지 않은 사람보다 더 권위와 설득력이 있다.

21 ①

목표를 달성하기 위해 노력하는 팀이라면 갈등은 항상 일어나게 마련이다. 갈등은 의견 차이가 생기기 때문에 발생하게 된다. 그러나 이러한 결과가 항상 부정적인 것만은 아니다. 갈등은 새로운 해결책을 만들어 주는 기회를 제공한다. 중요한 것은 갈등에 어떻게 반응하느냐 하는 것이다. 갈등이나 의견의 불일치는 불가피하며 본래부터 좋거나 나쁜 것이 아니라는 점을 인식하는 것이 중요하다. 또한 갈등수준이 적정할 때는 조직 내부적으로 생동감이 넘치고 변화 지향적이며 문제해결 능력이 발휘되며, 그 결과 조직성과는 높아지고 갈등의 순기능이 작용한다.

22 ②

② 갈등은 문제 해결보다 승리를 중시하는 태도에서 증폭된다.

23 ①

협상과정
협상 시작 → 상호 이해 → 실질 이해 → 해결 대안 → 합의 문서

24 ④

첫 번째 유형은 타협형, 두 번째 유형은 통합형을 말한다. 갈등의 해결에 있어서 문제를 근본적·본질적으로 해결하는 것이 가장 좋다. 통합형 갈등해결 방법에서의 '원원(Win-Win) 관리법'은 서로가 원하는 바를 얻을 수 있기 때문에 성공적인 업무관계를 유지하는 데 매우 효과적이다.

25 ④

홀수항과 짝수항을 따로 분리해서 생각하도록 한다.
홀수항은 분모 2의 분수형태로 변형시켜 보면 분자에서 -3씩 더해가고 있다.

$$10 = \frac{20}{2} \rightarrow \frac{17}{2} \rightarrow 7 = \frac{14}{2} \rightarrow \frac{11}{2}$$

짝수항 또한 분모 2의 분수형태로 변형시켜 보면 분자에서 $+5$씩 더해가고 있음을 알 수 있다.

$$2 = \frac{4}{2} \rightarrow \frac{9}{2} \rightarrow 7 = \frac{14}{2} \rightarrow \frac{19}{2}$$

26 ①

각 항에서의 증가폭이 $+1$, $+2$, $+4$, $+8$, $+16$이다. 각각 2^0, 2^1, 2^2, 2^3, 2^4이므로 다음 항에서는 $2^5 \, (= 32)$만큼 증가할 것을 알 수 있다. 따라서 $37 + 32 = 69$가 된다.

27 ②

첫 번째 수를 두 번째 수로 나눈 후 그 몫에 1을 더하고 있다.

$$20 \div 10 + 1 = 3, \ 30 \div 5 + 1 = 7, \ 40 \div 5 + 1 = 9$$

28 ④

물건의 원가를 a라 하자.
이때 정가는 $\left(1 + \dfrac{x}{100}\right)a$이므로, 문제의 조건에 의하면

$$\left(1 - \frac{x}{100}\right)\left(1 + \frac{x}{100}\right)a = \left(1 - \frac{4}{100}\right)a$$
$$\Rightarrow \left(1 - \frac{x}{100}\right)\left(1 + \frac{x}{100}\right) = \frac{96}{100}$$
$$\Rightarrow 1 - \left(\frac{x}{100}\right)^2 = \frac{96}{100}$$
$$\Rightarrow \left(\frac{x}{100}\right)^2 = \frac{4}{100}$$
$$\Rightarrow \frac{x}{100} = \frac{2}{10}$$
$$\therefore x = \frac{2}{10} \times 100 = 20$$

29 ②

② 수출량과 수입량 모두 상위 10위에 들어있는 국가는 네덜란드와 중국이다.

30 ②

② A, B, C 3개 회사의 '갑' 제품 점유율 총합은 2021년부터 순서대로 38.4%, 39.9%, 39.6%, 40.8%, 43.0%이다. 2023년도에는 전년도에 비해 3개 회사의 점유율이 감소하였으므로, 반대로 3개 회사를 제외한 나머지 회사의 점유율은 증가하였음을 알 수 있다. 따라서 나머지 회사의 점유율이 2021년 이후 매년 감소했다고 할 수 없다.

① A사는 지속 증가, B사는 지속 감소, C사는 증가 후 감소하는 추이를 보인다.

③ C사는 $\frac{7.8 - 9.0}{9.0} \times 100 ≒ -13.3\%$이며,

B사는 $\frac{10.5 - 12.0}{12.0} \times 100 ≒ -12.5\%$로 C사의 감소율이 B사보다 더 크다.

④ 매년 증가하여 2025년에 3개 회사의 점유율은 43%로 가장 큰 해가 된다.

⑤ 2024년은 점유율의 합이 40.8%이며, 2025년에는 43%이므로 점유율의 증가율은 $\frac{43.0 - 40.8}{40.8} \times 100 ≒ 5.4\%$에 이른다.

31 ①

① 분기별 판매량의 평균은 두 제품 모두 약 50이다. 편차는 A제품의 경우 1/4분기와 2/4분기에서 약 10으로 가장 크고, B제품의 경우 1/4분기에서 약 30으로 가장 크다. 따라서 동일한 시기에 두 제품의 편차가 모두 가장 크다고 할 수 없다.

② 4/4분기 A, B 각 제품의 판매량을 a, b라고 할 때, A제품의 연간 판매량은 60 + 40 + 50 + a = 150 + a이고, B제품의 연간 판매량은 20 + 70 + 60 + b = 150 + b이다. 막대그래프에서 'a < b'이므로 B제품이 A제품보다 연간 판매량이 더 많다.

③ 세 분기 동안(1/4분기, 2/4분기, 3/4분기) 두 제품의 평균을 구해보면, A 평균 판매량 $= \frac{60 + 40 + 50}{3} = 50$,

B 평균 판매량 $= \frac{20 + 70 + 60}{3} = 50$으로, 두 제품의 평균 판매량은 동일하다.

④ 1/4분기에는 40, 2/4분기에는 30, 3/4분기에는 10, 4/4분기에는 10미만의 판매량 차이를 보이며 연말이 다가올수록 점점 감소한다.

⑤ 3/4분기의 변화율은 $\frac{60 - 70}{70} \times 100 ≒ -14.3(\%)$이며, 4/4분기의 변화율은 $\frac{51 - 60}{60} \times 100 = -15(\%)$가 된다. 둘 다 음수이므로 변화율은 곧 감소율을 나타내며, 감소율의 크고 작음은 수치의 절댓값으로 알 수 있으므로 감소율의 크기는 3/4분기가 더 작다.

32 ④

④ 신입직이 가장 많이 질문 5개에는 '지원 분야에 대한 인턴 경험' 대신 17.5%를 기록한 '앞으로의 포부'가 포함되어야 한다.

① 신입직의 경우 하위 3개 질문은 순서대로 '개인 신상(7.9%) < 전 직장에서의 프로젝트 수행사례(9.0%) < 영어회화 실력(11.8%)'이며, 경력직의 경우에는 '지원 분야 인턴 경험(6.1%) < 영어회화 실력(8.6%) < 개인의 가치관(12.6%)' 순서이다. '영어회화 실력'이 신입직, 경력직 모두에서 공통질문으로 들어가 있다.

② 경력직에서는 35.1%인 반면, 신입직에서는 9.0%를 나타내고 있어 가장 큰 차이를 보이는 질문내용이다.

③ 신입직에서 12.3%, 경력직에서 12.6%를 나타내고 있어 가장 작은 차이를 보이는 질문내용이다.

⑤ 경력직의 경우 '지원동기(51.6%) > 전 직장에서의 프로젝트 수행사례(35.1%) > 직무에 대한 관심(34.1%)' 순서로 가장 많이 받은 질문에 해당한다.

33 ①

'EOMONTH(start_date, months)' 함수는 시작일에서 개월수만큼 경과한 이전/이후 월의 마지막 날짜를 반환한다. 따라서 [C3] 셀에 있는 날짜 2025년 3월 22일의 1개월이 지난 4월의 마지막 날은 30일이다.

34 ③

D2셀에 기재되어야 할 수식은
=VLOOKUP(B2,$C$12:$D$15,2,0) 이다. B2는 직책이
대리이므로 대리가 있는 셀을 입력하여야 하며, 데이터 범
위인 C12:D15가 변하지 않도록 절대 주소로 지정을 해
주게 된다. 또한 대리 직책에 대한 수당이 있는 열의 위치
인 2를 입력하게 되며, 마지막에 직책이 정확히 일치하는
값을 찾아야 하므로 0을 기재하게 된다.

35 ④

POWER(number, power) 함수는 number 인수를 power
인수로 제곱한 결과를 반환한다. 따라서 5의 3제곱은 125
이다.

36 ④

구하고자 하는 값은 "생산부 사원"의 승진시험 점수의 평균
이다. 주어진 조건에 따른 평균값을 구하는 함수는
AVERAGEIF와 AVERAGEIFS인데 조건이 1개인 경우에는
AVERAGEIF, 조건이 2개 이상인 경우에는 AVERAGEIFS
를 사용한다.
[=AVERAGEIFS(E3:E20,B3:B20,"생산부",C3:C20,"사원'
')]

37 ③

$A=1$, $S=1$
$A=2$, $S=1+2$
$A=3$, $S=1+2+3$
...
$A=10$, $S=1+2+3+\cdots+10$
∴ 출력되는 S의 값은 55이다.

38 ①

엑셀 통합 문서 내에서 다음 워크시트로 이동하려면
〈Ctrl〉+〈Page Down〉을 눌러야 하며, 이전 워크시트로
이동하려면 〈Ctrl〉+〈Page Up〉을 눌러야 한다.

39 ②

DCOUNT는 조건을 만족하는 개수를 구하는 함수로,
[A2:F7]영역에서 '2021'(2021년도 종사자 수)가 25보다
작고 '2025'(2025년도 종사자 수)가 19보다 큰 레코드의
수는 1이 된다. 조건 영역은 [A9:B10]이 되며, 조건이 같
은 행에 입력되어 있으므로 AND 조건이 된다.

40 ④

worst-fit은 할당되지 않은 공간 중 가장 큰 공간을 선택
해서 프로세스가 적재되는 것을 의미한다. 다시 말해 모든
공간 중에서 수용 가능한 가장 큰 곳을 선택하는 방식을
말한다. 남은 공간이 큼직큼직하며, 1순위에 할당하므로
선택이 빠르다는 이점이 있는 반면에 기억공간의 정렬이
필요하고 더불어서 공간의 낭비가 발생하게 되는 문제점이
존재한다.

41 ②

시계열 자료는 주가 지수의 경우처럼 매 단위 시간에 따라 측정되어 생성되는데 횡단면 자료에 비하여 상대적으로 적은 수의 변수로 구성된다.

42 ③

집중적 마케팅전략은 전체 세분시장 중에서 특정 세분시장을 목표시장으로 삼아 집중 공략하는 전략으로 해당 시장의 소비자 욕구를 보다 정확히 이해하여 그에 걸 맞는 제품과 서비스를 제공함으로서 전문화의 명성을 얻을 수 있으며, 그로 인해 생산·판매 및 촉진활동을 전문화함으로써 비용을 절감시킬 수 있다.

43 ②

지식기반 조직의 경우 구성원들로 하여금 개인의 목표 및 조직의 목표를 성취하는 데 있어 필요한 지식 및 기술을 찾아내 활용 가능하도록 보장한 조직이다.

44 ②

목표에 의한 관리는 개인과 조직의 목표를 명확히 규정함으로써 구성원의 목표를 상급자 및 조직전체의 목표와 일치하도록 하기 때문에 조직목표 달성에 효과적으로 기여한다는 것이다.

45 ①

경제적 주문량의 기본가정
- 계획기간 중 해당품목의 수요량은 항상 일정하며, 알려져 있다.
- 단위구입비용이 주문수량에 관계없이 일정하다.
- 연간 단위재고 유지비용은 수량에 관계없이 일정하다.
- 1회 주문비용이 수량에 관계없이 일정하다.
- 주문량이 일시에 입고된다.
- 조달기간(lead time)이 없거나 일정하다.
- 재고부족이 허용되지 않는다.

46 ⑤

확신성은 고객에 대한 직원들의 능력·예절·신빙성·안전성을 전달하는 능력을 나타낸다.

47 ⑤

임금은 생산량에 비례하였으며, 기계적·폐쇄적인 조직관을 지녔으며, 경제적 인간관의 가정에 기반하고 있다.

48 ⑤

⑤ 전속적(exclusive) 유통경로는 일정한 지역에서 자 사의 제품을 한 점 포가 배타적·독점적으로 취급하게 하는 것으로 유통경로 계열화의 가장 강력한 형태이다. 주로 고급 자동차·귀금속·의류 등 고가품이나 제품에 대한 이미지가 좋은 경우에 적용이 가능하다. 개방적 유통경로를 채택하는 것이 바람직한 경우는 없다. 개방적 유통경로는 제품이 소비자에게 충분히 노출되어 있고, 제품판매의 체인화에 어려움이 있는 일용품이나 편의품 등에 적용할 수 있다. 그러나 유통경로에 대한 통제가 어렵고 유통비용이 많이 든다.

49 ①

포지셔닝 전략은 자사 제품의 큰 경쟁우위를 찾아내어 이를 선정된 목표시장의 소비자들의 마음속에 자사의 제품을 자리 잡게 하는 전략이다.

50 ⑤

관찰법은 행동이나 상황 등의 겉으로 드러나는 것에 대해서는 관찰이 가능하지만, 피관찰자의 생각, 느낌, 동기 등에 대해서는 관찰이 불가능하다.

51 ④

표본설계 시 고려요인
- 표본단위(Sample Unit)
- 표본크기(Sample Size)
- 표본추출절차(Sampling Procedure)
- 자료수집수단(Means Of Contact)

52 ⑤

선택적 왜곡은 일단 주의를 기울여 받아들인 정보를 자기들이 미리 갖고 있던 선입관에 맞추어 해석하는 경향을 말한다.

53 ③

투-빈 시스템은 재고수준을 지속적으로 조사할 필요가 없다는 특성이 있다.

54 ⑤

인적자원 계획으로 인해 불필요한 노동력의 감소 및 증대에 따른 통제가 용이하다.

55 ①

① 인간관계론은 호손실험의 결과를 토대로 메이요(E. Mayo)가 주창하였다.

56 ⑤

⑤ 기업회계 기준서에서는 기업들에게 재무상태표, 포괄손익계산서, 자본변동표, 현금흐름표 등의 재무제표를 공시하도록 요구하고 있다.

57 ③

어떠한 가격수준에서 차익거래가 완전하게 해소되어 초과공급 및 초과수요가 존재하지 않게 되면 이것이 곧 균형가격이다.

58 ②

수직적 마케팅 시스템의 도입배경
- 대량생산에 의한 대량판매의 요청
- 가격 안정(또는 유지)의 필요성
- 유통비용의 절감
- 경쟁자에 대한 효과적인 대응
- 기업의 상품이미지 제고
- 목표이익의 확보
- 유통경로 내에서의 지배력 획득

59 ④

표적시장의 선정 시 고려요소
- 제품수명주기
- 기업의 자원
- 경쟁자
- 시장의 동질성
- 제품의 동질성
- 소비자의 민감도
- 경쟁자의 마케팅 전략

60 ③

거래할인은 중간상이 제조업자가 일반적으로 수행해야 할 업무의 일부를 수행할 경우 이에 대한 보상으로 경비의 일부를 제조업자가 부담하는 것이다.

61 ①

① 선수금은 물품·용역을 제공하기 전에 계약금으로 미리 받은 돈으로 유동부채에 해당한다. 유동자산인 선급금(거래처로부터 물품·용역을 받기 전에 계약금으로 미리 준 돈)과 구분해야 한다.

62 ⑤

중립적 갈등은 경로성과에 영향을 끼치지 않는 경로갈등으로 경로구성원들 간 상호의존 정도가 상당히 높을 경우에 발생하게 된다.

63 ④

EDI는 소요시간이 단축되고 정확하며 노동력을 절감할 수 있어 기업의 업무효율을 높이는데 기여할 수 있다.

64 ②

②번은 고수익률의 저회전율 전략에 관한 설명이다.

65 ③

제3자 물류의 운영기간은 중장기적이다.

66 ③

①②④⑤번은 거시적 마케팅 중 조성 기능에 관련한 내용이고, ③번은 물적 유통기능에 관한 설명이다.

67 ②

수익증권에서는 펀드에 대한 운용 및 관리에 따른 투명성이 낮다.

68 ①

PER는 해당 기업조직에 대한 시장의 신뢰도 지표로 활용이 가능하다.

69 ①

선물의 매입 및 매도 등에 있어 비용이나 수익 등은 발생하지 않게 된다.

70 ①

POS 터미널의 도입에 의해 판매원 교육 및 훈련시간이 짧아지고 입력오류를 방지할 수 있다.

71 ②

CRM(고객관계관리)은 단순히 제품을 팔기보다는 '고객과 어떠한 관계를 형성해나갈 것인가', '고객들이 어떤 것을 원하는가' 등에 주안점을 둔다.

72 ③

X이론에서는 사람이 자기중심적이고 조직요구에 무관심한 경향을 보인다.

73 ②

직무만족이 높을수록 조직시민행동이 많이 나타나게 된다.

74 ⑤

거래적 리더십은 단기적이면서 효율성과 타산에 관심을 지니고 있다.

75 ③

맥클레랜드(Mcclelland)는 인간의 모든 욕구는 학습되며 행위에 영향을 미치는 잠재력을 지닌 욕구들의 서열은 개인마다 다르다고 주장하면서 개인의 욕구 중 사회 문화적으로 습득된 욕구로서 성취욕구, 권력욕구, 친교욕구 등을 제시하였고 그 중에서도 특히 성취 욕구를 강조하였다.

76 ⑤

관료제 조직관은 각 사람들의 직무를 명백한 과업으로 세분화한다.

77 ④

개인이 불공정성을 지각하면 대개 부족한 보상에 따른 불만이나 과다한 보상에 따른 부담감이나 불안감을 나타내어 불공정성을 감소시키는 방향으로 동기부여 된다.

78 ②

내부 마케팅은 기업 조직의 구성원(종사원)이 고객 지향적인 서비스 마인드의 인식 및 태도를 지닐 수 있도록 동기부여하고 이를 개발하는 것을 의미한다.

79 ②

문제의 지문은 제품수명주기 중 제품이 시장에 처음 출시되는 "도입기"에 관한 사항이다. 설령 획기적인 맥주를 개발하였더라도 연철이와 용구는 시장에서 후발주자이며 이제 막 시장진입 초기에 해당하므로 기존 선발주자들과의 경쟁을 하기 위해 과다한 유통촉진비용을 투입해야 한다.

80 ①

② 손익분기점 매출액=변동비+고정비

③ 손익분기점 판매량×단위당 공헌이익=고정비

④ 손익분기점 매출액×공헌이익률=고정비

⑤ 목표판매량×단위당 공헌이익=고정비+목표이익

✎ 직업기초능력평가(40문항)

1 ①

'있다'의 어간 '있-'에 '어떤 일에 대한 원인이나 근거'를 나타내는 연결 어미 '-(으)매'가 결합한 형태이다.

② '선보이-'+'-었'+'-어도' → 선보이었어도 → 선뵀어도

③ 한글 맞춤법 제40항에 따르면 어간의 끝음절 '하'가 아주 줄 적에는 준 대로 적는다. 따라서 '야속하다'는 '야속다'로 줄여 쓸 수 있다.

④ '마구', '많이'의 뜻을 더하는 접두사 '처-'를 쓴 단어이다. '(~을) 치다'의 '치어'가 준 말인 '쳐'가 오지 않도록 한다.

⑤ '몇 일'은 없는 표현이다. 표준어인 '며칠'로 쓴다.

2 ⑤

⑤ '때맞추다'는 한 단어이므로 붙여 쓴 것이 맞다. '처리해 나갔다'에서 '나가다'는 '앞말이 뜻하는 행동을 계속 진행함'을 뜻하는 보조동사로 본용언과 띄어 쓰는 것이 원칙이다.

① '보아하니'는 부사로, 한 단어이므로 붙여 쓰기 한다. 유사한 형태로 '설마하니, 멍하니' 등이 있다.

② '난생처음'은 한 단어이므로 붙여 쓰기 한다.

③ '별∨볼∨일이'와 같이 띄어쓰기 한다.

④ '하잘것없다'는 형용사로 한 단어이므로 붙여 쓰고, '끼리'는 접미사이므로 '형제끼리'와 같이 앞 단어와 붙여 쓴다.

3 ③

• 인출(引出) : 예금 따위를 찾음.

• 도출(導出) : 판단이나 결론 따위를 이끌어 냄.

• 색출(索出) : 샅샅이 뒤져서 찾아냄.

4 ③

화자는 문두에서 한 번에 두 가지 이상의 일을 하는 것은 마음에게 흩어지라고 지시하는 것이라고 언급한다. 또한 글의 중후반부에서 당신이 하는 모든 일은 당신의 온전한 주의를 받을 가치가 있는 것이어야 한다고 강조한다. 따라서 이 글의 중심 내용은 ③이 적절하다.

5 ④

첫 번째 빈칸은 서리 착빙은 중량이 가볍다는 내용과 서리가 붙은 채로 이륙하면 문제가 발생할 수 있다는 상반된 내용을 연결해주고 있어 '그러나, 하지만'과 같은 역접의 접속사가 위치하는 것이 적절하다. 두 번째 빈칸은 서리 착빙에 이어 거친 착빙에 대한 설명을 연결해주고 있어 '다음으로'가 적절하다.

6 ③

쌀의 탄생 배경과 널리 쓰이는 구분법에 의한 종류에 대해 언급하고 있는 글이므로 '쌀의 역사와 종류'를 제목으로 보는 것이 가장 적절하다.

7 ②

② 윗글에서는 기존의 주장을 반박하는 방식의 서술 방식은 찾아볼 수 없다.

8 ③

③ 액체와 기체는 물질의 상태라는 한 영역 안에 있지만 물질의 상태에는 액체와 기체 외에도 고체 등이 존재하므로 상호 배타적이지 않다.

① 앞과 뒤는 방향 반의어이다.

② 삶과 죽음은 상보 반의어이다.

④ '크다'와 '작다'는 등급 반의어이다.

⑤ '오른쪽'과 '왼쪽'은 방향 반의어이다.

9 ②

㉠ A의 진술이 참이고, E의 진술이 거짓인 경우

A	B	C	D	E
목격자 ○				범인 ×

B, E의 진술이 거짓이므로, 세 번째 조건에 의해 C, D의 진술은 참

범인은 C가 되고 A의 진술은 참이 된다.

A	B	C	D	E
목격자 ○	×	범인 ○		범인 ×

결국 C, E가 범인이고 첫 번째 조건에 부합한다.

범인이 아닌 사람은 A, B, D이다.

㉡ A의 진술이 거짓이고 E의 진술이 참인 경우

A	B	C	D	E
×				~범인 ○

A의 진술이 거짓이므로 D의 진술도 거짓

A	B	C	D	E
×			×	~범인 ○

A, D의 진술이 거짓이므로, 세 번째 조건에 의해 B, C의 진술은 참

범인은 C, 목격자는 B가 된다.

A	B	C	D	E
×	목격자 ○	범인 ○	×	~범인 ○

범인이 아닌 사람은 B, E이다.

㉠㉡을 종합하여 보면 반드시 범인이 아닌 사람은 B가 된다.

10 ③

㉠ 악취 요인 A : 버섯과 술을 마셨을 때 악취 발생, 버섯은 먹고 술은 마시지 않았을 때는 악취가 발생하지 않았다.

㉡ 미각 상실 원인 B : 버섯을 먹고 술을 마시거나 마시지 않아도 발병했다. 또한 B는 물에 끓여도 효과가 약화되지 않는다는 것도 알 수 있다.

㉢ 백혈구 감소 물질 C : ㉡과 같이 물에 끓여도 효과가 약화되지 않는다. 만약 물에 끓여 효과가 약화된다면 을은 백혈구 감소가 나타나지 않아야 한다.

11 ②

㉡ 갑 = 을

㉢ 을 ∩ 병, 갑 ×

㉣ 갑 ×, 정 ×

㉤ 정 ×, 병 ×, 갑 ○

㉥ 갑 ×, 무 ×

㉦ 무 ○, 병 × 이것을 정리해 보면 ㉣㉤에 의해 갑 가담, 갑이 가담하면 을도 가담

㉢에 의해 을이 가담했으므로 병도 가담

㉤에 의해 정도 가담 무만 가담하지 않음을 알 수 있다.

12 ③

• A가 선정되면 B도 선정된다.
  → A → B … ⓐ

• B와 C가 모두 선정되는 것은 아니다.
  → ~(B∧C)=~B∨~C … ⓑ

• B와 D 중 적어도 한 도시는 선정된다.
  → B∨D … ⓒ

• C가 선정되지 않으면 B도 선정되지 않는다.
  → ~C → ~B … ⓓ

ⓑ와 ⓓ를 통해 ~B는 확정

ⓐ와 ~B를 통해 ~A도 확정

ⓒ와 ~B를 통해 D도 확정

㉠ A와 B 가운데 적어도 한 도시는 선정되지 않는다.
  → 참

㉡ B도 선정되지 않고, C도 선정되지 않는다.
  → B는 선정되지 않지만 C는 모름

㉢ D는 선정된다. → 참

13 ⑤

- 지원자 중 3명 선발
- 과장을 선발할 경우 동일 부서에 근무하는 직원을 1명 이상 함께 선발, 어학 능력 '하'인 직원을 선발한다면 어학 능력 '상'인 직원도 선발
- 근무평정이 70점 이상, 2년 이상 경과하지 않은 직원 선발 불가 → A 탈락
- 기술본부 직원을 1명 이상 선발 → F 선발

보기를 보면 ③과 ⑤으로 함축되는데 ③ 사업본부 B과장을 선발하면 동일 부서 직원을 함께 선발해야 하는데 G사원은 어학능력이 '하'이므로 '상'인 직원도 선발해야 하므로 D팀장이 선발되어야 한다. 반드시 F는 선발되어야 하므로 성립되지 않는다. 그러므로 ⑤가 정답이 된다.

14 ②

A가 참이면 A=금, B=은, C=×
B가 참이면 A=금, B=×, C=은
C가 참이면 모순이 된다.
그러므로 항상 옳은 것은 '상자 A에는 금반지가 있다'가 된다.

15 ②

㉠과 ㉢, ㉣에 의해 E > B > A > C이다.
㉡에서 D는 C보다 나이가 적으므로 E > B > A > C > D이다.

16 ③

D가 치과의사라면 ㉣에 의해 C는 치과의사가 되지만 그렇게 될 경우 C와 D 둘 다 치과의사가 되기 때문에 모순이 된다. 이를 통해 D는 치과의사가 아님을 알 수 있다. ㉡과 ㉤ 때문에 B는 승무원, 영화배우가 될 수 없다. ㉥을 통해서는 B가 국회의원이 아니라 치과의사라는 사실을 알 수 있다. ㉣에 의해 C는 치과의사가 아니므로 D는 국회의원이라는 결론을 내릴 수 있다. 또한 ㉢에 의해 C는 영화배우가 아님을 알 수 있다. C는 치과의사도, 국회의원도, 영화배우도 아니므로 승무원이란 사실을 추론할 수 있다. 나머지 A는 영화배우가 될 수밖에 없다.

17 ⑤

문제에 제시된 대화에서 A변호사는 I-Message의 대화스킬을 활용하고 있다. ⑤번은 I-Message가 아닌 You-Message에 대한 설명이다. 상대에게 일방적으로 강요, 공격, 비난하는 느낌을 전달하게 되면 상대는 변명하려 하거나 또는 반감, 저항, 공격성 등을 보이게 된다.

18 ②

갈등해결 방법
㉠ 다른 사람들의 입장을 이해한다.
㉡ 사람들이 당황하는 모습을 자세하게 살핀다.
㉢ 어려운 문제는 피하지 말고 맞선다.
㉣ 자신의 의견을 명확하게 밝히고 지속적으로 강화한다.
㉤ 사람들과 눈을 자주 마주친다.
㉥ 마음을 열어놓고 적극적으로 경청한다.
㉦ 타협하려 애쓴다.
㉧ 어느 한쪽으로 치우치지 않는다.
㉨ 논쟁하고 싶은 유혹을 떨쳐낸다.
㉩ 존중하는 자세로 사람들을 대한다.

19 ②

효과적인 팀은 결국 결과로 이야기할 수 있어야 한다. 필요할 때 필요한 것을 만들어 내는 능력은 효과적인 팀의 진정한 기준이 되며, 효과적인 팀은 개별 팀원의 노력을 단순히 합친 것 이상의 결과를 성취하는 능력을 가지고 있다. 이러한 팀의 구성원들은 지속적으로 시간, 비용 및 품질 기준을 충족시켜 준다. 결과를 통한 '최적의 생산성'은 바로 팀원 모두가 공유하는 목표이다.
선택지에 주어진 것 이외에도 효과적인 팀의 특징으로는 '팀의 사명과 목표를 명확하게 기술한다.', '창조적으로 운영된다.', '리더십 역량을 공유하며 구성원 상호 간에 지원을 아끼지 않는다.', '팀 풍토를 발전시킨다.' 등이 있다.

20 ①

T그룹에서 워크숍을 하는 이유는 직원들 간의 단합과 화합을 키우기 위해서이고 또한 각 부서의 장에게 나름대로의 재량권이 주어졌으므로 위의 사례에서 장부장이 할 수 있는 행동으로 가장 적절한 것은 ①번이다.

21 ②

② 협상 상대가 협상에 대하여 책임을 질 수 있고 타결권한을 가지고 있는 사람인지 확인하고 협상을 시작해야 한다. 최고책임자는 협상의 세부사항을 잘 모르기 때문에 협상의 올바른 상대가 아니다.

22 ④

④ 갈등해결방법 모색 시에는 논쟁하고 싶은 유혹을 떨쳐내고 타협하려 애써야 한다.

23 ③

갈등해결방법의 유형
- ㉠ **회피형** : 자신과 상대방에 대한 관심이 모두 낮은 경우 (나도 지고 너도 지는 방법)
- ㉡ **경쟁형** : 자신에 대한 관심은 높고 상대방에 대한 관심은 낮은 경우(나는 이기고 너는 지는 방법)
- ㉢ **수용형** : 자신에 대한 관심은 낮고 상대방에 대한 관심은 높은 경우(나는 지고 너는 이기는 방법)
- ㉣ **타협형** : 자신에 대한 관심과 상대방에 대한 관심이 중간 정도인 경우(타협적으로 주고받는 방법)
- ㉤ **통합형** : 자신은 물론 상대방에 대한 관심이 모두 높은 경우(나도 이기고 너도 이기는 방법)

24 ④

①②③ 전형적인 독재자 유형의 특징이다.
※ 파트너십 유형의 특징
- ㉠ 평등
- ㉡ 집단의 비전
- ㉢ 책임 공유

25 ①

첫 번째 숫자를 두 번째 숫자로 나누었을 때의 나머지가 세 번째 숫자가 된다.
$22 \div 4 = 5 \cdots 2$, $19 \div 3 = 6 \cdots 1$, $37 \div 5 = 7 \cdots 2$, $5 \div 3 = 1 \cdots 2$, $54 \div 6 = 9 \cdots \underline{0}$

26 ②

일의 자리에 온 숫자를 그 항에 더한 값이 그 다음 항의 값이 된다.
$78 + 8 = 86$, $86 + 6 = 92$, $92 + 2 = 94$, $94 + 4 = 98$, $98 + 8 = 106$, $106 + 6 = 112$

27 ①

- 앞의 항의 분모에 2^1, 2^2, 2^3, ……을 더한 것이 다음 항의 분모가 된다.
- 앞의 항의 분자에 3^1, 3^2, 3^3, ……을 더한 것이 다음 항의 분자가 된다.

따라서 $\dfrac{121 + 3^5}{33 + 2^5} = \dfrac{121 + 243}{33 + 32} = \dfrac{364}{65}$

28 ⑤

피자 1판의 가격을 x, 치킨 1마리의 가격을 y라고 할 때,
피자 1판의 가격이 치킨 1마리의 가격의 2배이므로 $x = 2y$
가 성립한다.
피자 3판과 치킨 2마리의 가격의 합이 80,000원이므로,
$3x + 2y = 80,000$이고
여기에 $x = 2y$를 대입하면 $8y = 80,000$이므로
$y = 10,000$, $x = 20,000$이다.

29 ④

ⓛ 남자 사원인 동시에 독서량이 5권 이상인 사람은 남자
사원 4명 가운데 '태호' 한 명이다. 1/4=25(%)이므로
옳지 않은 설명이다.
ⓒ 독서량이 2권 이상인 사원 가운데 남자 사원의 비율 :
3/5
인사팀에서 여자 사원 비율 : 2/6
전자가 후자의 2배 미만이므로 옳지 않은 설명이다.
ⓖ $\dfrac{독서량}{전체\ 사원수} = \dfrac{30}{6} = 5$(권)이므로 옳은 설명이다.
ⓔ 해당되는 사람은 '나현, 주연, 태호'이므로 3/6=50(%)
이다. 따라서 옳은 실명이나.

30 ②

65세 이상 인구수는 크게 변동이 없는 데 비해, 65세 미
만 인구수는 5만여 명에서 64만여 명으로 크게 증가한 것
을 알 수 있다.
① 65세 미만 인구수 역시 매년 꾸준히 증가하였다.
③ 2022년과 2023년에는 전년보다 감소하였다.
④ 2022년 이후부터는 5% 미만 수준을 계속 유지하고
있다.
⑤ 증가나 감소가 아닌 변화 전체를 묻고 있으므로 2019
년(+351명), 2020년(+318명), 그리고 2022년(−315
명)이 된다.

31 ④

① 고혈압 유병률은 2025년에 감소하였고, 당뇨 유병률은
2021년과 2024년에 감소하였다.
② 고혈압 유병률은 2020년과 2025년에는 1.7%, 2023년
에는 1.6% 변동이 나타났다.
③ 당뇨 유병률의 변동은 2025년에 2%였다.
⑤ 기대수명은 2020년과 2025년만 0.5세의 변동이 나타
났고, 그 외에는 0.5세 이하의 변동이 있었다.

32 ②

㈎ [○] A직업의 경우는 200명 중 35%이므로 200×0.35
$= 70$명, C직업의 경우는 400명 중 25%이므로 $400 \times$
$0.25 = 100$명이 부모와 동일한 직업을 갖는 자녀의 수
가 된다.
㈏ [○] B와 C직업 모두 75%($= 100 - 25$)로 동일함을 알
수 있다.
㈐ [×] A직업을 가진 자녀는 $(200 \times 0.35) + (300 \times$
$0.25) + (400 \times 0.25) = 245$명이며, B직업을 가진 자
녀는 $(200 \times 0.2) + (300 \times 0.25) + (400 \times 0.4) =$
275명이다.
㈑ [○] 기타 직업을 가진 자녀의 수는 각각 200×0.05
$= 10$명, $300 \times 0.15 = 45$명, $400 \times 0.1 = 40$명으로
B직업을 가진 부모가 가장 많다.

33 ③

C2*VLOOKUP(B2,$B$8:$C$10, 2, 0) 상품코드 별 단가
가 수직(열)형태로 되어 있으므로, 그 단가를 가져오기 위해
서는 VLOOKUP함수를 이용해야 되며, 상품코드 별 단가에
수량(C2)를 곱한다. $B$8:$C$10에서 단가는 2열이고 반드
시 같은 상품코드 (B2)를 가져와야 되므로, 0 (False)를 사용
하여 VLOOKUP (B2,$B$8:$C$10, 2, 0)처럼 수식을 작성
해야 한다.

34 ③

MID(text, start_num, num_chars)는 텍스트에서 원하는
문자를 추출하는 함수이다. 주민등록번호가 입력된 [B1]
셀에서 8번째부터 1개의 문자를 추출하여 1이면 남자, 2
면 여자라고 하였으므로 답이 ③이 된다.

35 ②

DSUM(데이터베이스, 필드, 조건 범위) 함수는 조건에 부합하는 데이터를 합하는 수식이다. 데이터베이스는 전체 범위를 설정하며, 필드는 보험실적 합계를 구하는 것이므로 "보험실적"으로 입력하거나 열 번호 4를 써야 한다. 조건 범위는 영업2부에 한정하므로 F1:F2를 써준다.

36 ①

㉠ 1회전

5	3	8	1	2
1	3	8	5	2

㉡ 2회전

1	3	8	5	2
1	2	8	5	3

37 ④

㉠ 1회전

55	11	66	77	22
11	55	66	77	22

㉡ 2회전

11	55	66	77	22
11	22	66	77	55

㉢ 3회전

11	22	66	77	55
11	22	55	77	66

38 ②

한 셀에 두 줄 이상 입력하려고 하는 경우 줄을 바꿀 때는 〈Alt〉+〈Enter〉를 눌러야 한다.

39 ①

- RFID : IC칩과 무선을 통해 식품·동물·사물 등 다양한 개체의 정보를 관리할 수 있는 인식 기술을 지칭한다. '전자태그' 혹은 '스마트 태그', '전자 라벨', '무선식별' 등으로 불린다. 이를 기업의 제품에 활용할 경우 생산에서 판매에 이르는 전 과정의 정보를 초소형 칩(IC칩)에 내장시켜 이를 무선주파수로 추적할 수 있다.
- 유비쿼터스 : 유비쿼터스는 '언제 어디에나 존재한다.'는 뜻의 라틴어로, 사용자가 컴퓨터나 네트워크를 의식하지 않고 장소에 상관없이 자유롭게 네트워크에 접속할 수 있는 환경을 말한다.
- VoIP : VoIP(Voice over Internet Protocol)는 IP 주소를 사용하는 네트워크를 통해 음성을 디지털 패킷(데이터 전송의 최소 단위)으로 변환하고 전송하는 기술이다. 다른 말로 인터넷전화라고 부르며, 'IP 텔레포니' 혹은 '인터넷 텔레포니'라고도 한다.

40 ④

수식에서 직접 또는 간접적으로 자체 셀을 참조하는 경우를 순환 참조라고 한다. 열려있는 통합 문서 중 하나에 순환 참조가 있으면 모든 통합 문서가 자동으로 계산되지 않는다. 이 경우 순환 참조를 제거하거나 이전의 반복 계산(특정 수치 조건에 맞을 때까지 워크시트에서 반복되는 계산) 결과를 사용하여 순환 참조와 관련된 각 셀이 계산되도록 할 수 있다.

41 ②

ULS(Unit Load System ; 유닛로드시스템)는 화물의 유통활동에 있어 하역·수송·보관 등의 전반적인 비용절감을 위해, 출발지에서부터 도착지까지의 중간 하역작업 등이 없이 일정한 방법으로 수송·보관하는 시스템을 의미한다.

42 ②

포드 시스템은 고임금 저가격의 원리를 지향하였다.

43 ④

시장의 범위를 확대시키는 것이기 때문에 시장이 확대되면 될수록 이들에게 제품을 공급하게 되는 중간상(도매상 및 소매상)들에 대한 통제는 상당히 어려워지게 된다.

44 ②

상호, 상표 등의 노하우를 가진 자를 프랜차이저(Franchisor)라고 하는데 우리말로는 본부, 본사로 표현되고, 이러한 프랜차이저로부터 상호의 사용권, 제품의 판매권, 기술, 상권분석, 점포 디스플레이, 관계자훈련 및 교육지도 등을 제공받는 자를 프랜차이지 (Franchisee)라고 하는데 이는 일반적으로 가맹점이라 표현된다.

45 ③

광고는 비용을 지불하고 자사에게 광고할 상품에 대해 유리하게 구성할 수 있고 실험, 결과 등의 조작이 가능하므로 소비자들의 입장에서 보게 되면 신뢰도가 떨어질 수밖에 없는 결과를 초래하게 된다.

46 ④

소비자 입장에서는 판매자 간의 경쟁으로 인한 가격의 인하로 저렴하게 상품을 구매할 수 있다.

47 ①

② 전속적 유통전략 : 자사 제품만을 취급할 수 있는 제한된 수의 소매점
③ 선택적 유통전략 : 집중적 유통전략과 전속적 유통전략의 중간적 형태
④ 푸시전략 : 판매원에 의한 인적판매를 통해 소비자에게 밀어붙이면서 판매하는 유통전략

48 ⑤

피터 드러커가 말한 지식근로자의 특징
• 평생학습의 정신
• 풍부한 지적 재산
• 투철한 기업가의 정신
• 강한 창의성
• 비관료적인 유연성

49 ②

조직문화는 개인의 이익보다 더 큰 무엇에 대해 몰입을 유발하고 촉진한다.

50 ③

아웃소싱 전략은 한정된 자원을 가장 핵심사업 분야에 집중시키고, 나머지 부문은 외부 전문기업에 위탁하여 효율을 극대화하려는 전략을 말하며, 고객에 대한 낮은 충성도, 이직률의 상승이라는 문제점을 지니고 있다.

51 ④

④ 자산수익률의 확률분포는 정규분포이다.

52 ③

호손실험에서는 조직 내에서 구성원들의 사회·심리적 욕구를 채워줌으로써 조직의 생산성이 증대된다는 인식을 갖게 하는 계기가 되었으며, 이는 민주적 리더십을 강조한 메이요 교수의 호손실험과도 일맥상통하는 내용이다.

53 ④

제품수명주기는 Introduction Stage(도입기) → Growth Stage (성장기) → Maturity Stage(성숙기) → Decline Stage(쇠퇴기)의 순서로 이루어진다.

54 ⑤

독립수요품목의 용도는 주로 유통이다.

55 ⑤

⑤ 재고관리는 품절이 발생하지 않도록 고객수요에 부응(고객서비스 향상)하면서도 적정량의 재고를 보유함으로써 재고비용을 절감하는 데 그 목표가 있다.

56 ②

채권은 대부분이 장기증권이다.

57 ①

확장제품은 물리적 형태의 제품(유형제품)에서 해당 제품이 소비자들에게 제공하는 효익(핵심제품)이 있으며, 해당 제품이 제공하는 편익에서 파생 되어지는 효용가치(확장제품)를 증가시키는 일종의 부가서비스 차원의 제품을 의미한다.

58 ②

델파이법은 생산예측의 방법 중에서 정성적 방법에 해당한다.

59 ②

막스 베버의 관료제는 안정적이면서도 명확한 권한계층이 이루어진다.

60 ①

보호성 또는 보전성은 제품의 생산에서부터 폐기되기까지 수송·보관·하역·보관 중에, 제품을 비나 눈, 충격, 해충, 미생물 등의 장애로부터 보호하기 위해 제품의 화학적·생물적·물리적 성격을 파악하여 보호하는 기능을 의미한다.

61 ③

프로젝트 조직은 혁신적이면서 비일상적인 과제의 해결을 위해 형성되는 동태적 조직이다.

62 ④

CRM은 다수의 직원들이 최적화된 정보를 공유하고 기존의 처리절차를 간소화함으로써, 통신판매·회계 및 판매관리 등을 개선하기 위한 조직을 지원한다.

63 ④

위험의 측정에서 표준편차 혹은 분산을 위험의 척도로 활용할 수 있다.

64 ④

포트폴리오의 구성 목적은 분산투자를 통해 투자에 따르는 리스크를 최소화시키는 데 있다.

65 ①

제품의 품질, 특성, 스타일 등의 수정을 통해 신규고객을 유인하거나 기존 고객의 사용빈도를 높이는 것은 성숙기의 전략에 해당한다.

66 ③

촉진관리과정
표적청중의 확인 → 목표의 설정 → 메시지의 결정 → → 매체의 선정 → 촉진예산의 설정 → 촉진믹스의 결정 → 촉진효과의 측정

67 ④

④ 과학적 관리법은 조직구성원들에 대한 동기부여가 테일러가 생각한 것보다 훨씬 복잡하게 이루어진다는 비판과 함께 '인간 없는 조직'이라고 불리기도 한다.

※ 과학적 관리법은 20세기 초 가장 효율적으로 인간이 일할 수 있도록 프레드릭 테일러가 고안해낸 작업 설계 방식이다. 생산방법이 개선된다면 작업 능률과 생산성이 자동적으로 상승한다는 전제하에 인간은 물리적, 경제적 여건에 따라 생산성이 달라진다고 보았다.

68 ⑤

오픈 숍(Open Shop)은 사용자가 노동조합에 가입한 조합원 말고도 비조합원도 자유롭게 채용할 수 있도록 하는 제도를 의미한다.

69 ②

관찰법에서는 태도, 동기 등과 같은 심리적 현상은 관찰할 수 없다.

70 ①

완전자본시장에서는 거래비용이 없다.

71 ②

유통경로는 비탄력적이면서 외부자원이다. 제품, 가격, 촉진 믹스 등은 시장의 상황에 의해 수정하기가 상대적으로 수월하지만 유통경로의 경우에는 구축하기도 힘들며, 구축한 후 변경하려면 많은 시간 맞 자본 등이 소요된다.

72 ③

리더는 공식, 비공식 조직 어떤 조직이나 모두 존재한다.

73 ⑤

동기부여는 조직 구성원들이 적극적이고, 능동적으로 업무를 수행하게 함으로써 자아실현을 할 수 있는 기회를 부여하는 역할을 한다.

74 ③

무위험자산의 시장이 균형 상태에 이르게 되었을 때, 무위험자산 시장 전체의 순차입액 및 순대여액은 0이 된다.

75 ⑤

수단성이란 1차 산출물이 2차 산출물을 유도할 것이라는 신념의 정도를 의미한다.

76 ⑤

ERG이론은 욕구개념에 기반을 두고 있는 동기부여 이론으로 가장 타당성이 있다는 평가를 듣고 있는 이론이다.

77 ⑤

①②③④는 물류관리의 역할 중 국민경제적 측면에서 설명한 것이고, ⑤는 개별 기업의 측면에서 설명하고 있다.

78 ④

④ 디마케팅 : 기업에서 판매 중인 제품의 고객구매를 의도
적으로 줄여서 적절한 수요를 창출하기 위한 마케팅 기
법을 의미한다.

① 니치마케팅 : 틈새시장으로 시장 빈틈을 공략하는 신제품
을 출시하는 마케팅 기법을 의미한다.

② 넛지마케팅 : 소비자가 유연한 방식으로 접근하여 선택을
유도하는 마케팅 기법을 의미한다.

③ 포지셔닝 : 소비자에게 자사 제품을 가장 유리한 포지션
에 위치할 수 있도록 전략을 짜는 과정을 의미한다.

⑤ 세그멘테이션 : 기업이 제조하고자 하는 상품을 세분화하
는 전략을 의미한다.

79 ④

④ 상환우선주 취득 시 만기가 3개월 이내 도래하고 가치
변동이 없으며, 거래비용 없이 현금 전환 가능하다면 현금
성자산으로 분류될 수 있다.

80 ③

인력을 채용하게 되면 인건비가 차지하는 비중이 상당히
높다. 그러므로 높은 비용을 발생시키게 된다.

✎ 직업기초능력평가(40문항)

1 ③

어간의 끝음절 '하'가 아주 줄 적에는 준 대로 적는다〈한글 맞춤법 제40항 붙임2〉.
① 윗층 → 위층
② 뒷편 → 뒤편
④ 생각컨대 → 생각건대
⑤ 윗어른 → 웃어른

2 ①

② 철수 뿐이다 → 철수뿐이다
③ 떠난지 → 떠난 지
④ 애 쓴만큼 → 애쓴 만큼
⑤ 대문밖에서 → 대문 밖에서

3 ④

① 초콜렛 → 초콜릿
② 컨셉 → 콘셉트
③ 악세사리 → 액세서리
⑤ 심포지움 → 심포지엄

4 ③

첫 번째 문단에서 문제를 알면서도 고치지 않았던 두 칸을 수리하는 데 수리비가 많이 들었고, 비가 새는 것을 알자마자 수리한 한 칸은 비용이 많이 들지 않았다고 하였다. 또한 두 번째 문단에서 잘못을 알면서도 바로 고치지 않으면 자신이 나쁘게 되며, 잘못을 알자마자 고치기를 꺼리지 않으면 다시 착한 사람이 될 수 있다하며 이를 정치에 비유해 백성을 좀먹는 무리들을 내버려 두어서는 안 된다고 서술하였다. 따라서 글의 중심내용으로는 잘못을 알게 되면 바로 고쳐 나가는 것이 중요하다가 적합하다.

5 ①

주어진 글은 비자발적 행위와 자발적 행위의 상반된 특성에 대해 말하고 있으므로 빈칸에는 ①이 가장 적절하다.

6 ①

② 침묵이나 부작위는 그 자체만으로 승낙이 되지 않는다.
③ 청약자가 지정한 기간 내에 동의의 의사표시가 도달하지 않으면 승낙의 효력이 발생하지 않는다.
④ 청약은 계약이 체결되기까지는 철회될 수 있다.
⑤ 청약은 상대방에게 도달한 때에 효력이 발생한다.

7 ⑤

⑤ 1712년의 법령 반포 이후 지방에서 조세를 징수하는 관료들은 고정된 인두세 총액을 토지세 총액에 병합함으로써 인두세를 토지세에 부가하는 형태로 징수하는 조세 개혁을 추진하기 시작했다.

8 ②

단순히 하천수 사용료의 문제점을 제시한 것이 아니라, 그에 대한 구체적인 대안과 사용료 부과 및 징수를 위한 실효성을 확보해야 한다는 의견이 제시되어 있으므로 문제점 지적을 넘어 전향적인 의미를 지닌 제목이 가장 적절할 것이다.
또한, 제시글은 하천의 관리를 언급하는 것이 아닌, 하천수 사용료에 대한 개선방안을 다루고 있으며, 하천수 사용료의 현실화율이나 지역 간 불균형 등의 요금체계 자체에 대한 내용을 소개하고 있지는 않다.

9 ③

B가 성능이 떨어지는 제품이므로, 다음과 같은 네 가지 경우가 가능하다.

㉠ A > B ≥ C

㉡ A > C ≥ B

㉢ C > A ≥ B

㉣ C > B ≥ A

성능이 가장 좋은 제품은 성능이 떨어지는 두 종류의 제품 가격의 합보다 높으므로, 가격이 같을 수가 없지만, 성능이 떨어지는 두 종류의 제품 가격은 서로 같을 수 있다.

① ㉣의 경우 가능하다.

② ㉢의 경우 가능하다.

④ ㉢, ㉣의 경우 가능하다.

⑤ ㉠, ㉡의 경우 가능하다.

10 ④

㉠ 선박을 보면 A국 전체 수출액에서 차지하는 비중은 $5.0 \rightarrow 4.0 \rightarrow 3.0$ 으로 매년 줄어드는 데 세계수출시장에서 A국의 점유율은 매번 1.0으로 동일하다. 이는 세계수출시장 규모가 A국 선박비중의 감소율만큼 매년 감소한다는 것을 나타낸다.

㉡ 백색가전의 세부 품목별 수출액 비중에서 드럼세탁기의 비중은 매년 18.0으로 동일하나, 전체 수출액에서 차지하는 백색가전의 비중은 $13.0 \rightarrow 12.0 \rightarrow 11.0$로 점점 감소한다.

㉢ 점유율이 전년대비 매년 증가하지 않고 변화가 없거나 감소하는 품목도 있다.

㉣ A국의 전체 수출액을 100으로 보면 항공기의 경우 2025년에는 3이다. 3이 세계수출시장에서 차지하는 비중은 0.1%이므로 A국 항공기 수출액의 1,000배라 볼 수 있다. 항공기 세계수출시장의 규모는 $3 \times 1,000 = 3,000$이므로 A국 전체 수출액의 30배가 된다.

11 ④

① 시청에 근무하는 4급 공무원의 경우 지방직 공무원으로 재산등록 의무자이나 동생은 친족의 범위에 해당하지 않는다.

② 시장은 지방자치단체장으로서 정무직 공무원에 해당하나 본인의 직계비속 중 혼인한 여성의 경우 등록대상 친족의 범위에 포함되지 않으므로 등록대상이 아니다.

③ 도지사 또한 시장과 마찬가지로 정무직 공무원이다. 지식재산권의 경우 소유자별 연간 1천만 원 이상의 소득이 있어야 하므로 등록대상이 아니다.

④ 정부부처 4급 공무원 상당의 보수를 받는 별정직 공무원의 아들이 소유한 승용차는 제한 없이 등록대상이 된다.

⑤ 이혼한 전처는 배우자에 해당되지 않으므로 등록대상이 아니다.

12 ③

제시된 내용을 표로 정리하면

구분	경기장 개수	최대 수용인원	좌석 점유율	경기당 관중수
대도시	5	3만 명	60%	1.8만 명
중소도시	5	2만 명	70%	1.4만 명

① 16만 명은 10개 경기장에서 모두 경기가 열리는 경우의 관중수이다. 매일 5개 경기장에서 각각 한 경기가 열린다고 하였으므로, 1일 최대 관중수는 대도시 경기장 5개에서 모두 경기가 열리는 경우의 9만 명이다.

② 중소도시 경기장의 좌석 점유율이 10% 높아지더라도 경기당 관중수는 1.6만 명 밖에 되지 않으므로 여전히 대도시 경기장 한 곳의 관중수 보다는 적다.

③ 경기가 열리는 경기장에서는 하루에 한 경기만 열리며, 각 경기장에서 열리는 경기 횟수는 모두 동일하므로 한 시즌 전체 누적 관중수는 각 경기장의 경기당 관중수 합계에 비례하는 관계가 성립한다. 올해 시즌의 경우 각 경기장의 경기당 관중수 합계는 16만 명 $[5 \times (1.8 + 1.4)]$이다. 내년 시즌부터 4개의 대도시와 6개의 중소도시에서 경기가 열린다는 것은 올해와 비교했을 때 대도시 경기장 중 하나가 중소도시 경기장으로 바뀌는 것과 같으므로 관중수 합계는 0.4만 명이 줄어든다. 감소율은 2.5% $\left(\frac{0.4}{16} \times 100 \right)$가 된다.

④ 대도시 경기장의 좌석 점유율이 중소도시 경기장과 같
  은 70%이고, 최대수용인원은 그대로라면, 대도시 경기
  장의 경기당 관중수는 2.1만 명이 된다. 따라서 이 경
  우 ○○리그의 1일 평균 관중수는 최대 10.5만 명이
  되므로 11만 명을 초과할 수 없다.
⑤ 중소도시 경기장의 최대수용인원이 대도시 경기장과 같
  은 3만 명이고 좌석 점유율이 그대로라면, 중소도시 경
  기장이 경기당 관중수는 2.1만 명이 된다. ○○리그의
  1일 평균 관중수는 역시 11만 명을 초과할 수 없다.

13 ①

임 사원을 제외한 모두가 2년에 1일 씩 연차가 추가되므
로 각 직원의 연차발생일과 남은 연차일, 통상임금, 연차
수당은 다음과 같다.

김 부장 : 25일, 6일, $500 \div 200 \times 8 = 20$만 원,
$6 \times 20 = 120$만 원

정 차장 : 22일, 15일, $420 \div 200 \times 8 = 16$만 원,
$15 \times 16 = 240$만 원

곽 과장 : 18일, 4일, $350 \div 200 \times 8 = 14$만 원,
$4 \times 14 = 56$만 원

남 대리 : 16일, 11일, $300 \div 200 \times 8 = 12$만 원,
$11 \times 12 = 132$만 원

임 사원 : 15일, 12일, $270 \div 200 \times 8 = 10$만 원,
$12 \times 10 = 120$만 원

따라서 김 부장과 임 사원의 연차수당 지급액이 동일하다.

14 ⑤

보기의 명제를 대우 명제로 바꾸어 정리하면 다음과 같다.
a. ~인사팀 → 생산팀(~생산팀 → 인사팀)
b. ~기술팀 → ~홍보팀(홍보팀 → 기술팀)
c. 인사팀 → ~비서실(비서실 → ~인사팀)
d. ~비서실 → 홍보팀(~홍보팀 → 비서실)

이를 정리하면 '~생산팀→인사팀→~비서실→홍보팀→기술
팀'이 성립하고 이것의 대우 명제인 '~기술팀→~홍보팀→비서
실→~인사팀→생산팀'도 성립하게 된다. 따라서 이에 맞는 결
론은 보기 ⑤의 '생산팀을 좋아하지 않는 사람은 기술팀을 좋아한
다.' 뿐이다.

15 ⑤

다섯 사람 중 A와 B가 동시에 가장 먼저 작업을 하러 나
가게 되었으며, C와 D는 A와 B보다 늦게 작업을 하러 나
가게 되었음을 알 수 있다. 따라서 다섯 사람의 순서는 E
의 순서를 변수로 다음과 같이 정리될 수 있다.

㉠ E가 두 번째로 작업을 하러 나가게 되는 경우

첫 번째	두 번째	세 번째	네 번째
A, B	E	C 또는 D	C 또는 D

㉡ E가 세 번째로 작업을 하러 나가게 되는 경우

첫 번째	두 번째	세 번째	네 번째
A, B	C 또는 D	E	C 또는 D

따라서 E가 C보다 먼저 작업을 하러 나가게 될 수 있으므
로 ⑤와 같은 주장은 옳지 않다.

16 ③

조건대로 고정된 순서를 정리하면 다음과 같다.
• B 차장→A 부장
• C 과장→D 대리
• E 대리→?→?→C 과장

따라서 E 대리→?→?→C 과장→D 대리의 순서가 성
립되며, 이 상태에서 경우의 수를 따져보면 다음과 같다.

㉠ B 차장이 첫 번째인 경우라면, 세 번째와 네 번째는 A 부장
과 F 사원(또는 F 사원과 A 부장)가 된다.

㉡ B 차장이 세 번째인 경우는 E 대리의 바로 다음인 경
우와 C 과장의 바로 앞인 두 가지의 경우가 있을 수
있다.
 – E 대리의 바로 다음인 경우 : A 부장 – E 대리 – B 차
   장 – F 사원 – C 과장 – D 대리의 순이 된다.
 – C 과장의 바로 앞인 경우: E 대리 – F 사원 – B 차장
   – C 과장 – D 대리 – A 부장의 순이 된다.

따라서 위에서 정리된 바와 같이 가능한 세 가지의 경우에
서 두 번째로 사회봉사활동을 갈 수 있는 사람은 E 대리
와 F 사원 밖에 없다.

17 ④

위 사례는 저돌적인 고객의 유형으로 자신의 방법만이 최선이라 생각하고 타인의 피드백은 받아들이려 하지 않는다. 또한 이러한 상황의 경우 직원에게 하는 것이 아닌 회사의 서비스에 대해 항의하는 것이므로 일선 직원의 경우 이를 개인적인 것으로 받아들여 논쟁을 하거나 화를 내는 일이 없어야 하며 상대의 화가 풀릴 때까지 이야기를 경청해야 한다. 또한 부드러운 분위기를 연출하며 정성스럽게 응대해 고객 스스로가 감정을 추스릴 수 있도록 유도해야 한다.

18 ⑤

OJT는 종업원이 업무에 대한 기술 및 지식을 현업에 종사하면서 감독자의 지휘 하에 훈련받는 현장실무 중심의 교육훈련 방식이므로 각 종업원의 습득 및 능력에 맞춰 훈련할 수 있으며, 상사 또는 동료 간의 이해 및 협조정신을 높일 수 있다는 이점이 있다.

19 ①

〈사례2〉에서 희진은 자신의 업무에 대해 책임감을 가지고 일을 했지만 〈사례1〉에 나오는 하나는 자신의 업무에 대한 책임감이 결여되어 있다.

20 ⑤

빈정거리는 유형의 고객은 상대에 대해서 빈정거리거나 또는 무엇이든 반대하는 열등감 또는 허영심이 강하고 자부심이 강한 사람이다.

21 ⑤

상보성은 자신들의 결여된 특성을 지니고 있는 타인에게 매력을 느끼는 경향이 있는 것을 의미한다.

22 ②

현재 동신과 명섭의 팀에게 가장 필요한 능력은 팀워크능력이다.

23 ②

이 과장은 상대방 측 대표들과 만나서 현재 상황과 이들이 원하는 주장이 무엇인지를 파악한 후 김 실장에게 협상이 가능한 안건을 제시한 것이므로 실질이해 전 단계인 상호이해단계로 볼 수 있다.

※ 협상과정의 5단계

  ㉠ 협상시작 : 협상 당사자들 사이에 친근감을 쌓고, 간접적인 방법으로 협상 의사를 전달하며 상대방의 협상 의지를 확인하고 협상 진행을 위한 체계를 결정하는 단계이다.

  ㉡ 상호이해 : 갈등 문제의 진행 상황과 현재의 상황을 점검하고 적극적으로 경청하며 자기주장을 제시한다. 협상을 위한 협상안건을 결정하는 단계이다.

  ㉢ 실질이해 : 겉으로 주장하는 것과 실제로 원하는 것을 구분하여 실제 원하는 것을 찾아내고 분할과 통합 기법을 활용하여 이해관계를 분석하는 단계이다.

  ㉣ 해결방안 : 협상 안건마다 대안들을 평가하고 개발한 대안들을 평가하며 최선의 대안에 대해 합의하고 선택한 후 선택한 대안 이행을 위한 실행 계획을 수립하는 단계이다.

  ㉤ 합의문서 : 합의문을 작성하고 합의문의 합의 내용 및 용어 등을 재점검한 후 합의문에 서명하는 단계이다.

24 ③

고객 불만 처리 프로세스

경청 → 감사와 공감표시 → 사과 → 해결약속 → 정보파악 → 신속처리 → 처리확인과 사과 → 피드백

25 ③

• 앞의 두 항의 분모를 곱한 것이 다음 항의 분모가 된다.
• 앞의 두 항의 분자를 더한 것이 다음 항의 분자가 된다.

따라서 $\dfrac{2+3}{6\times18}=\dfrac{5}{108}$

26 ②

전항의 일의 자리 숫자를 전항에 더한 결과 값이 후항의 수가 되는 규칙이다.

93+3=96, 96+6=102, 102+2=104, 104+4=108, 108+8=116

27 ③

각 조합의 세 개의 숫자 중, 첫 번째와 두 번째 숫자의 십의 자리와 일의 자리 수를 바꾸어 두 수를 더하면 세 번째 숫자가 된다. 72 + 34 = 106, 21 + 53 = 74, 15 + 19 = 34, 6 + 18 = 24, 따라서 22 + 21 = 43이 된다.

28 ②

합격자 120명 중, 남녀 비율이 7 : 5이므로 남자는 $120 \times \frac{7}{12}$ 명이 되고, 여자는 $120 \times \frac{5}{12}$ 가 된다. 따라서 남자 합격자는 70명, 여자 합격자는 50명이 된다. 지원자의 남녀 성비가 5 : 4이므로 남자를 $5x$, 여자를 $4x$로 치환할 수 있다. 이 경우, 지원자에서 합격자를 빼면 불합격자가 되므로 $5x-70$과 $4x-50$이 1 : 1이 된다. 따라서 $5x-70 = 4x-50$이 되어, $x = 20$이 된다. 그러므로 총 지원자의 수는 남자 100명($= 5 \times 20$)과 여자 80명($= 4 \times 20$)의 합인 180명이 된다.

29 ⑤

전체 기업 수의 약 99%에 해당하는 기업은 중소기업이며, 중소기업의 매출액은 1,804조 원으로 전체 매출액의 약 $37.9\%(= \frac{1,804}{2,285+671+1,804} \times 100)$를 차지하여 40%를 넘지 않는다.
① 대기업이 매출액, 영업이익 모두 가장 높은 동시에, 기업군에 속한 기업 수가 가장 적으므로 1개 기업당 매출액과 영업이익 실적이 가장 높게 나타난다.

30 ④

㉠ 총 투입시간 = 투입인원 × 개인별 투입시간
㉡ 개인별 투입시간 = 개인별 업무시간 + 회의 소요시간
㉢ 회의 소요시간 = 횟수(회) × 소요시간(시간/회)
∴ 총 투입시간 = 투입인원 × (개인별 업무시간 + 횟수 × 소요시간)

각각 대입해서 총 투입시간을 구하면,
$A = 2 \times (41+3 \times 1) = 88,$ $\quad$ $B = 3 \times (30+2 \times 2) = 102$
$C = 4 \times (22+1 \times 4) = 104,$ $\quad$ $D = 3 \times (27+2 \times 1) = 87$

업무효율 $= \frac{\text{표준 업무시간}}{\text{총 투입시간}}$ 이므로, 총 투입시간이 적을수록 업무효율이 높다. D의 총 투입시간이 87로 가장 적으므로 업무효율이 가장 높은 부서는 D이다.

31 ②

㉠ A의 **최대보상금액** : 3,800만 원 + 1,500만 원 = 5,300만 원
E의 **최대보상금액** : 1,000만 원 + 700만 원 = 1,700만 원
㉡ B의 **최대보상금액** : 1억 1,300만 원 + 300만 원 = 1억 1,600만 원
B의 **최소보상금액** : 1억 1,600만 원 × 50% = 5,800만 원 → 감액된 경우 가정
㉢ C의 **최소보상금액** : (1,000만 원 + 2,100만 원) × 50% = 1,550만 원 → 감액된 경우 가정
㉣ B의 **최대보상금액**은 1억 1,600만 원이고, 다른 4명의 최소보상금액의 합은 1억 200만 원(A 2,650만 원, C 1,550만 원, D 4,300만 원, E 1,700만 원)이다.

32 ③

감면액이 50%일 경우 최소보상금액은 5,800만 원이고, 감면액이 30%일 경우 최소보상금액은 8,120만 원이므로 2,320만 원이 증가한다.

33 ③

'#NULL!' 은 교차하지 않은 두 영역의 교차점을 참조 영역으로 지정하였을 경우 발생하는 오류 메시지이며, 잘못된 인수나 피연산자를 사용했을 경우 발생하는 오류 메시지는 #VALUE! 이다.

34 ⑤

'$'는 다음에 오는 셀 기호를 고정값으로 묶어 두는 기능을 하게 된다. A6 셀을 복사하여 C6 셀에 붙이게 되면, 'A'셀이 고정값으로 묶여 있어 (A)에는 A6 셀과 같은 '$A$1+$A2'의 값 10이 입력된다. (B)에는 '$'로 묶여 있지 않은 2행의 값 대신에 4행의 값이 대응될 것이다. 따라서 '$A$1+$A4'의 값인 9가 입력된다. 따라서 (A)와 (B)의 합은 19가 된다.

35 ②

제시된 내용은 엑셀에서 제공하는 스파크라인 기능에 대한
설명이다.

36 ③

COUNTBLANK 함수는 비어있는 셀의 개수를 세어준다.
COUNT 함수는 숫자가 입력된 셀의 개수를 세어주는 반
면 COUNTA 함수는 숫자는 물론 문자가 입력된 셀의 개
수를 세어준다. 즉, 비어있지 않은 셀의 개수를 세어주기
때문에 이 문제에서는 COUNTA 함수를 사용해야 한다.

37 ①

LOOKUP은 LOOKUP(찾는 값, 범위 1, 범위 2)로 작성
하여 구한다.
VLOOKUP은 범위에서 찾을 값에 해당하는 열을 찾은 후
열 번호에 해당하는 셀의 값을 구하며, HLOOKUP은 범
위에서 찾을 값에 해당하는 행을 찾은 후 행 번호에 해당
하는 셀의 값을 구한다.

38 ④

$n=1, \ A=3$

$n=1, \ A=2 \cdot 3$

$n=2, \ A=2^2 \cdot 3$

$n=3, \ A=2^3 \cdot 3$

$\cdots$

$n=11, \ A=2^{11} \cdot 3$

$\therefore$ 출력되는 A의 값은 $2^{11} \cdot 3$이다.

39 ②

ROUND(number, num_digits)는 반올림하는 함수이며,
ROUNDUP은 올림, ROUNDDOWN은 내림하는 함수이
다. ROUND(number, num_digits)에서 number는 반올림
하려는 숫자를 나타내며, num_digits는 반올림할 때 자릿
수를 지정한다. 이 값이 0이면 소수점 첫째자리에서 반올
림하고 -1이면 일의자리 수에서 반올림한다. 따라서 주어
진 문제는 소수점 첫째자리에서 반올림하는 것이므로 ②가
답이 된다.

40 ①

RANK(number, ref, [order]) : number는 순위를 지정하는
수이므로 B2, ref는 범위를 지정하는 것이므로
$B\$2:\$B\$8$이다. oder는 0이나 생략하면 내림차순으로 순
위가 매겨지고 0이 아닌 값을 지정하면 오름차순으로 순위
가 매겨진다.

41 ②

의사결정자는 대안과 그 결과에 대해 완전한 정보를 가질 수 없는 제한된 합리성을 전제로 한다.

42 ④

④ 재고투자를 최소화하기 위한 재고관리모형이다.

※ 재고관리모형

ㄱ EOQ(Economic Order Quantity) 모형 : 경제적주문량이란 주문비용과 재고유지비용을 합한 연간 총비용이 최소가 되도록 하는 주문량을 말한다. 즉, 재고품의 단위원가가 최소가 되는 1회 주문량을 말한다.

ㄴ ROP 모형 : 주문기간을 일정하게 하고 주문량을 변동시키는 모형이다.

ㄷ ABC 관리방식 : 재고자산의 가치나 중요도에 따라 중점 관리하는 기법이다.

ㄹ 자재소요계획 : 시기별로 제품생산에 필요한 자재소요량을 분석하여 재고투자를 최소화하기 위한 재고관리모형의 일종이다. 생산일정 및 재고통제기법이라 할 수 있다.

ㅁ JIT 재고모형 : 생산과정에서 필요한 양이 부품이 즉시에 도착하기 때문에 재고의 유지가 필요없거나 극소량의 재고만을 유지함으로써 재고관리비용을 최소화시키는 방법이다.

43 ④

혁신이론은 지식경영과 직접적인 관계를 지니고 있다.

44 ②

시장세분화란 가격이나 제품에 대한 반응에 따라 전체시장을 몇 개의 공통된 특성을 가지는 세분시장으로 나누어서 마케팅을 차별화시키는 것이다.

45 ①

지식중심의 조직에서 일하는 모든 경영자와 지식근로자들이 알아두어야 할 자기개발의 핵심으로는 인간관계, 의사결정, 목표달성, 시간관리, 리더십, 혁신, 커뮤니케이션 등이 있다.

46 ④

기능별 조직은 주로 단일제품이나 서비스를 생산 및 판매하는 소규모 기업 등에서 선호되는 형태이다.

47 ③

QR은 원자재 조달과 생산 그리고 배송에서 누적 리드타임을 단축시키고 안전재고를 감소시키며, 예측오류를 감소시키는 효과가 있다. 또한 상품 로스율을 감소시킨다.

48 ②

제품수명주기

구분	특성
도입기	• 매출은 없거나 미미한 단계 • 경쟁자가 없거나 적은 단계
성장기	• 매출이 급속히 성장하는 단계 • 경쟁자가 점차적으로 증가하는 단계
성숙기	• 최대매출을 달성하는 단계 • 경쟁자는 점차 감소하는 단계
쇠퇴기	• 시장에서 제품라인이 삭제되는 단계

49 ⑤

리엔지니어링은 기업 조직의 비용·품질·서비스·속도와 같은 핵심적 분야에서 극적인 향상을 이루기 위해 기존의 업무수행방식을 원점에서 재검토하여 업무처리절차를 근본적으로 재설계하는 것을 의미하며 이에 대한 궁극적인 목적은 고객만족에 있다.

50 ⑤

⑤번은 직무명세서에 대한 내용이다. 직무기술서는 인적자원관리의 일반적인 목적을 위해 작성된다.

51 ①

전략적 의사결정에서는 주로 최고경영자가 의사결정을 행하며, 외부환경과의 관계에 관한 비정형적인 문제를 다루게 된다.

52 ①

고객생애가치는 한 시점에서의 가치가 아니고 고객과 기업 간에 존재하는 관계의 전체적인 가치를 의미한다.

53 ⑤

①②③④번은 화주 측면에서의 효과에 속하고, ⑤번은 고객측면에서의 효과에 속한다.

54 ⑤

매트릭스 조직에서 작업자는 2중 명령체계를 갖게 된다. 하나는 기능부문이나 사업부문에서 유래하는 수직적 명령체계이며, 또 하나는 특수한 분야의 전문가인 프로젝트 책임자로부터 받는 수평적 명령체계를 지니게 된다.

55 ④

④ 캐즘(Chasm)이란 혁신적 제품이 개발·출시되어 초기의 적극적 소비자가 구매한 이후 일반 대중적 시장 영역으로 도약에 나서는 경우 수렁과 정체를 말한다.

※ 제품수명주기(PLC ; Product Life Cycle) … 일반적으로 도입기, 성장기, 성숙기, 쇠퇴기의 네 단계로 구분된다. 주기의 구분이 명확하지 않고 분석의 초점이 제품에 맞춰짐으로 전반적 시장의 상황을 간과한다는 비판도 받고 있지만 현재까지는 제품전략의 수립에 유용한 분석의 틀로 사용되고 있으며 이를 통해 적절한 마케팅 전략을 수립하고 실행할 수 있다.

　㉠ 도입기 : 제품에 대하여 소비자의 인식이 부족하고 유통채널에 상품을 진열하는 데도 상당한 시간이 소요된다. 제품을 알리기 위한 촉진비용이 가장 많이 드는 시기이기 때문에 이익은 아주 적거나 오히려 적자인 경우가 대부분이다.

　㉡ 성장기 : 도입기를 지나 성장기가 되면 매출이 크게 증가하고 새로운 특성을 지닌 제품의 경쟁자가 등장한다. 일반대중들도 제품을 구매하기 시작하며 경쟁의 심화로 촉진비용도 함께 증가하지만 시장이 확대되어 수익도 빠르게 증가하게 된다.

　㉢ 성숙기 : 제품의 판매성장률이 둔화 즉, 판매가 정점에 달하는 전후의 시기를 말한다. 통상 도입기나 성장기보다 오래 지속되는 특징을 지니며 경쟁자들은 가격경쟁을 시도하거나 공격적인 촉진전략을 구사하기도 한다. 이익은 감소하고 경쟁에서 밀리는 기업은 도태되므로 성장기에는 소수의 시장지배자들과 다수의 소규모기업으로 시장이 양분된다.

　㉣ 쇠퇴기 : 시장에서 제품이 서서히 사라지는 단계로 기술의 변화 또는 소비자 기호의 변화, 경쟁심화 등으로 인해 진행되므로 제품에 따라 이 시기가 급격하게 진행될 수도 있고 서서히 진행될 수도 있다.

56 ⑤

마케팅 개념의 전개과정
생산개념 → 제품개념 → 판매개념 → 마케팅개념 → 사회적 마케팅개념

57 ⑤

고객의 욕구는 연령, 경험, 사회, 문화 등에 따라 변화하며, 단순히 고객이 상품을 구매하는 존재가 아닌 지속적인 동반자로 인지를 함으로써 고객의 입장에서 봤을 때의 점포에 왔을 시 느낄 수 있는 부분들에 대한 고객의 욕구를 충족시키는 것이라 할 수 있다.

58 ①

대조 및 나열행동의 효과는 상품 속성의 평가에 관한 절대적인 기준이 없기 때문에 차별적인 대안으로 비교분석할 수 있게 해서 고객으로 하여금 직접 구매가치를 결정할 수 있게 하는 것이다.

59 ④

$V_0 = \dfrac{D}{k}$ 에 의해 $\dfrac{3,000}{0.2} = 15,000$원이 된다.

60 ②

①③④⑤번은 수요가 적은 경우에 해당하며, ②번은 수요의 타이밍이 맞지 않은 경우에 해당한다.

61 ③

전통적 인사관리에서는 직무중심의 인사관리에 중점을 두고 있다.

62 ④

채권가격은 이자율 수준에서의 움직임과 반대방향으로 변동하게 된다.

63 ⑤

특정한 마케팅 믹스에 대한 반응이나 세분화 근거에 있어서 같은 세분시장의 구성원은 동질성을 보여야 하고, 다른 세분시장의 구성원과는 이질성을 보여야 한다는 것은 내부적 동질성과 외부적 이질성을 의미하는 것이다.

64 ⑤

봉사목적에 입각한 경영철학은 포드 시스템에 해당하는 내용이다.

65 ②

유럽형 옵션은 오로지 만기일에만 권리를 행사할 수 있는 옵션을 의미한다.

66 ⑤

활동기준원가는 소비되어진 자원 등을 활동별로 집계해서 활동별로 집계된 원가를 제품에 분배하는 원가시스템을 의미한다.

67 ⑤

4PL은 3PL보다 범위가 넓은 공급사슬 역할을 담당한다.

68 ②

경영참가 면에서 보면 채권은 참가권이 없지만, 주식은 참가권이 있다.

69 ⑤

판매개념에서의 목표는 매출증대를 통한 이윤의 창출에 있다.

70 ②

지식경영은 기업을 둘러싼 환경이 급변함에 따라 이에 적극 대응하기 위한 지속적인 혁신과 함께 이를 가능하게 하는 지식의 중요성이 커짐에 따라 피터 드러커 & 노나카 이쿠지로 등에 의해 제창된 개념이다.

71 ④

비정형적 의사결정은 주로 특수한 상황이나 비일상적인 부분에 적용되는 의사결정의 형태이므로 의사결정을 하게 되는 계층은 주로 고위층이다.

72 ④

관찰법은 직무분석자가 직무수행을 하는 종업원의 행동을 관찰한 것을 토대로 직무를 판단하는 것을 말하고, 면접법은 해당 직무를 수행하는 종업원과 직무분석자가 서로 대면해서 직무정보를 취득하는 방법을 말하며, 질문지법은 질문지를 통해 종업원에 대한 직무정보를 취득하는 방법을 말한다.

73 ④

인간관계론은 인간의 감성을 중시하며, 비공식적 조직관을 지니는 이론이다.

74 ③

위험프리미엄(10% – 5%)은 5%가 되며, 채무불이행위험프리미엄(20% – 10%)은 10%이다.

75 ②

임금피크제도(Salary Peak System)는 기업 조직의 구성원들이 일정 정도의 연령에 이르게 되면 해당 구성원들의 생산성에 의해 임금을 지급하는 제도를 말한다.

76 ①

① 주요 경쟁자들의 무관심이 니치시장의 요건이다.

77 ④

지리적 세분화는 고객이 살고 있는 거주 지역을 기준으로 시장을 세분화하는 방법이다. 이에는 지역, 도시 및 지방, 기후 등이 있다.

78 ①

① 지분 30% 미만의 자회사들의 실적이 좋을 경우 연결기준적용으로 전체적인 기업실적이 개선될 수 있다.

79 ③

③ 유통경로에 참여하는 유능한 중간상이 많은 경우에는 중간상을 이용하는 것이 바람직하다. 그러나 유능한 중간상이 적으면 유통경로를 통합하는 것이 바람직하다.

80 ③

전자적(인터넷) 유통경로를 설계하는 것은 경쟁사에 비해 자사의 좋은 서비스로 소비자들에게 다가가고자 하는 것인데, 이러한 서비스에 대한 기대 수준을 하게 되는 것은 제품 및 서비스를 사용할 소비자들이다. 그러므로 ③번은 소비자의 기대 서비스 수준으로 바뀌어야 한다.